DER LECH

Die Deutsche Bibliothek verzeichnet diese Publikation in der Deutschen Nationalbibliografie; detaillierte bibliografische Daten sind im Internet über http://dnb.ddb.de abrufbar.
ISBN 978-3-89639-768-3

Bildbearbeitung: Alfred Neff
Cover, Grafik: Lisa Schwenk
Lektorat, Layout: Michael Friedrichs
Druck: Joh. Walch GmbH & Co. KG

Eberhard Pfeuffer

DER LECH

Wißner

Wildflusslandschaft im Lech-Donau-Winkel: Kartenausschnitt (1823)

‹ Bildseiten:
Lechtaler Alpen
Tiroler Lech bei Forchach
Eiszeitlandschaft (Drumlins) zwischen Bannwald- und Forggensee
Lech im Naturschutzgebiet „Stadtwald Augsburg"
Lechaue im Naturschutzgebiet „Stadtwald Augsburg"

Vorwort

Heute kann ich es kaum noch glauben: Als ich vor 32 Jahren nach Augsburg kam, wusste ich, dass es den Lech gibt, aber nicht viel mehr. Inzwischen habe ich gelernt und selbst erfahren, dass gerade der Lech das Musterbeispiel eines Wildflusses aus den Nordalpen ist, angefangen von seinen großartigen Naturräumen über die bewegte kulturelle Geschichte des Talraumes bis hin zur Verbauung als Energieträger.

Dieses Buch soll nicht nur diese sehr vielschichtigen Aspekte der Flusslandschaft erläutern. Es soll „Lust auf Lech" machen, d. h. es soll einladen, die Lechlandschaft selbst zu erkunden. Es soll Zusammenhänge erklären, damit die heutige Landschaft als Produkt eines dynamischen – und niemals abgeschlossenen – Prozesses verständlich wird. Es soll den Zusammenhang zwischen Naturraum und Kulturraum – und ebenso den Konflikt zwischen Naturraum und Flussverbauung deutlich machen. Schließlich soll es zeigen, dass „unser Lech" in seiner Art einzigartig ist: aus ökologischer wie aus kultureller Sicht. Vor allem aber soll es bewusst machen, wie notwendig es ist, die überaus wertvollen Naturräume zu erhalten, damit am ganzen Lechverlauf, d. h. von der Quelle bis zur Mündung, gilt: Mehr Leben im und mehr Leben am Lech.

Warum dazu ein Buch, nachdem die Fachliteratur, jede Disziplin für ihren Bereich, die einzelnen Fakten wissenschaftlich fundiert zusammengetragen hat? Es zählt zu meinen Erfahrungen aus der überregionalen Fachliteratur, von Fachsymposien (selbst wenn sie in Augsburg abgehalten werden!) und insbesondere aus Gesprächen, dass der Lech, verglichen mit anderen bayerischen Flüssen wie Isar, Inn, Main oder auch Altmühl, wenig – viel zu wenig! – im allgemeinen Bewusstsein verankert ist. Dabei ist der Lech dank seiner geografischen Lage aus ökologischer Sicht unstrittig von allen alpinen Flüssen Bayerns der wichtigste. Zudem ist er der artenreichste. Einzigartig sind viele Landschaftsbilder im Lechverlauf, und einzigartig ist der Aufstieg Augsburgs, der größten Stadt am Lech, von einer Römergründung über eine glänzende Reichsstadt bis hin zu einer europaweit bedeutenden Metropole in der frühen Industriezeit – dank seiner Lage an einem Fluss, an einem Wildfluss, wohlgemerkt! Kein anderer Fluss Süddeutschlands dokumentiert zudem so anschaulich den Konflikt zwischen ursprünglichem Talraum und Eingriffen in diesen Naturraum durch den Menschen, zuletzt durch die Flussverbauung.

Freilich konnten bei der Fülle des Stoffes viele Themenkreise, wie beispielsweise der Aufstieg der anliegenden Städte, nur angesprochen, aber nicht ausführlich behandelt werden. Auch bitte ich um Verständnis, wenn die Auswahl „wichtig" und „weniger wichtig" sicher sehr subjektiv getroffen wurde. Hier sei der interessierte Leser, ebenso wie zur Vertiefung einzelner Abschnitte, auf die im Anhang aufgeführte Fachliteratur verwiesen.

Im Mai 2010 — Eberhard Pfeuffer

1. Der Lech, ein Wildfluss aus den Alpen

Vier Flussgötter, Wertach, Singold, Brunnenbach und Lech, lagern zu Füßen des römischen Imperators und Stadtgründers auf dem Augustusbrunnen in Augsburg. Die Attribute in ihren Händen zeigen, worauf sich der frühe Aufschwung der alten Reichsstadt gründete. So steht das Mühlrad der Wertach für die Wasserkraft, das Füllhorn der Singold für die Fruchtbarkeit ihres Tales, das Fischernetz des Brunnenbaches für seinen Fischreichtum und das Ruder des Lechs für die Flößerei. Anmutig präsentiert sich die Wertach, jugendlich und leicht kapriziös die Singold, gelassen und edel der Brunnenbach. Ungestüm und wild wirkt dagegen der Lech, dargestellt als kraftvoller alter Mann mit wallendem Bart. Der Fichtenkranz auf seinem Haupt weist auf seine Herkunft aus den Alpen hin. Über seine Schenkel hat er ein Wolfsfell geworfen, Symbol für seine ungebändigte Wildheit.

Von Dämonen, die in den Fluten des Lechs hausten, berichtet die gegen Ende des 9. Jahrhunderts verfasste *Vita des hl. Magnus*. Danach soll der Heilige durch das Kreuzeszeichen und mit Unterstützung eines Engels die bösen Lechgeister bezwungen haben. Aus der Mythologie vorchristlicher Zeiten ist uns leider nichts vom Lech überliefert. Es liegt aber nahe, dass gerade die heidnischen Völker in den Naturgewalten des reißenden Wildflusses dämonische Kräfte sahen, allerdings unbezwingbare und unbeherrschbare.

Wild und zerstörerisch war der Lech vor seiner Verbauung in seinem gesamten Lauf. Die alte Reichsstadt Augsburg verdankte aber ihren Wohlstand gerade der Kraft dieses Flusses, freilich erst, nachdem sie ihn durch viele Kanäle gebändigt durchs Stadtgebiet fließen ließ. „Es hat aber der Lech“, so schreibt der Historiker W. H. Riehl noch im Jahre 1859, „die Eigenart, daß er, kanalisiert, in und vor den Stadtmauern Augsburgs dem fleißigen Gewerbsmann willig seine Dienste bietet; draußen aber in natürlichem Bett als reißender Hochgebirgsstrom unbändig die Brücken abwirft, die Ufer scheidet und verheert. Den Bauer schädigt er, den Bürger macht er reich.“ Dieses

Der heilige Magnus beschwört an der Lechschlucht von Füssen die Lechgeister. Im Hintergrund rettet sich der Heilige – von Engeln geleitet – mit einem Sprung über die Lechschlucht vor heidnischen Verfolgern (Fresko von Franz Georg Hermann um 1720/21 in der südwestlichen Seitenkapelle von St. Mang in Füssen).

‹ Allegorische Darstellung des Lechs auf dem Augustusbrunnen in Augsburg, modelliert von Hubert Gerhard(t) um 1587 bis 1594 (Foto 1999, Originalplastik)

Spannungsverhältnis zwischen ungebändigtem Wildfluss und gebändigtem Energielieferanten ist wohl so alt wie die dauerhafte Besiedlung des Lechtales. Weiler, Dörfer und Städte konnten nur dort bestehen, wo sie vor den gefürchteten Hochwasserfluten sicher waren, auf Hochterrassen oder weitab vom Fluss am Talrand. Immer und immer wieder holte sich der Lech das Land zurück, das seine Anwohner in mühsamer Arbeit ihm abzuringen versucht hatten. Erst im ausgehenden 19. Jahrhundert, vollständig erst im 20. Jahrhundert, war es dank moderner Techniken möglich, den Fluss in ein enges Korsett zu zwingen und schließlich in eine Reihe von Staustufen zu verwandeln. Mit diesem Wandel des bayerischen Lechs vom Wildfluss zum Energielieferanten ging allerdings – von wenigen Resten abgesehen – ein Naturraum verloren, der zu den großartigsten und artenreichsten in Mitteleuropa zählte.

Im Dunkel liegt letztlich noch immer der Ursprung des Namens *Lech*. Vorläufer des deutschen *Lech* ist wohl das lateinische *licus*, das sich nach neuerer Forschung von der alt-indogermanischen Wortwurzel *lik* ableiten dürfte, die von Kelten und Römern übernommen wurde. Sprachforscher glauben *Lik* als *der schnell Fließende* oder als *der Steinreiche* entschlüsseln zu können. Unabhängig von diesen Forschungsergebnissen sind beide Bezeichnungen für den Wildfluss zutreffend. Man möchte allerdings, zumindest was den alten Lech betrifft, noch eine weitere Eigenschaft hinzufügen, nämlich *der Unstete* – und für den heutigen Lech auf bayerischer Seite *der Gebändigte*.

„Schnell fließend und steinreich“: Der Lech bei Forchach/Tirol

2. Der Lech und seine Landschaften

Nach Inn und Isar ist der Lech der drittgrößte bayerische Nebenfluss der Donau. Er entspringt in einer Höhe von 1840 Metern im Lechquellengebirge und mündet nach ca. 257 Kilometern[1] bei Marxheim in einer Höhe von 392 Metern in die Donau.

Die Tallandschaft lässt sich klar in drei Hauptabschnitte gliedern. Zunächst durchfließt der Lech die Nördlichen Kalkalpen, ab Füssen das Moränengebiet des ehemaligen Vorlandgletschers und anschließend bis zur Donau das breite, schottergefüllte Tal der einstigen Gletscherschmelzwässer.

Entsprechend wird der Fluss in drei Abschnitte eingeteilt:

Der **Obere Lech** umfasst den Abschnitt der inneralpinen Fließstrecke von der Quelle bis zum Alpenrand bei Füssen. Das Tal ist hier durch hoch aufsteigende Talhänge geprägt, deren Gipfel bis über 2500 Meter Höhe reichen. Die Talsohle selbst ist sehr unterschiedlich. Sie umfasst ein Trogtal und eine schmale, tiefe Schlucht in Vorarlberg ebenso wie kilometerbreite Talabschnitte in Tirol.

Der **Mittlere Lech** durchfließt das voralpine Hügel- und Moorland zwischen Füssen und Schongau. Auch hier reicht die Talsohle von sehr weiten Talformen beim ehemaligen Ort Forggen bis zu stark eingeengten Abschnitten, besonders im Bereich der ehemaligen Illasschlucht oder

Das Obere Lechtal wird durch die Landschaft der Nördlichen Kalkalpen geprägt: Wildflusslandschaft bei Forchach.

1 Die Angaben zur Länge des Lechs differieren in der Literatur erheblich. Nach Angaben der zuständigen Ämter beträgt die Länge des Lechs in Österreich 89,433 Kilometer und in Bayern 167,455 Kilometer.

In weiten Schleifen und tief in das hügelige Gelände eingeschnitten durchfließt der Mittlere Lech das Voralpenland: Litzauer Schleife.

der Litzauer Schleife. Nördlich des Molassequerriegels von Lechbruck hat sich der Lech tief in die Moränenlandschaft des Würmeiszeitgletschers eingegraben, sodass die schmale Talsohle durch teils extrem steile Hänge begrenzt wird.

Als **Unterer Lech** wird der Flussabschnitt zwischen dem Endmoränenwall nördlich von Schongau und der Mündung in die Donau bezeichnet. Nach dem „Terrassenlech" zwischen Hohenfurch und Kaufering (vgl. S. 148/149) weitet sich das Tal zu einer lang gestreckten und kilometerbreiten Ebene, die vom Lechfeld zwischen Landsberg und Augsburg bis zur Mündung reicht. Im Mündungsgebiet liegt – auf den ersten Blick nicht erkennbar – ein ausgeprägter Schwemmfächer, der die Donau bis an den Abbruch der Alb drängt.

Unter den vielen Zubringern sind in Vorarlberg und Tirol die wichtigsten rechtsseitig der Spullerbach, der Zürser Bach, der Bockbach, der Kaiserbach, der Alperschonbach, der Otterbach, der Streimbach, der Namloser Bach und der Rotlech, linksseitig der Hornbach, der Schwarzwasserbach und die Vils. Auf bayerischem Gebiet erhält der Lech aus den Ammergauer Alpen vor allem durch die Pöllat und den Halblech Zufluss. Der Halblech mündet bereits weit im Alpenvorland in den Lech. Von hier ab fehlen, von kleineren Bächen und Quellen abgesehen, bis Augsburg größere Zuflüsse. Am nördlichen Stadtrand von Augsburg nimmt der Lech die Wertach auf, seinen größten Nebenfluss. Bis zur Donau folgen wiederum nur noch kleinere Bäche. Die Friedberger Ach, die ursprünglich bei Sand dem Lech zufloss, wurde als Mühlbach im Spätmittelalter bis Thierhaupten und 1555 bis Niederschönenfeld umgeleitet. Heute fließt sie als eigenständiges

Flüsschen nahezu parallel zum Lech in die Donau. Der Verlorene Bach, der einst bei Kissing in den Lech mündete, wurde 1950 zur Friedberger Ach abgeleitet.

Prägend für den gesamten Lech ist seine Herkunft aus den Alpen. Von dort erhält er die Hauptmenge seines Wassers und den größten Teil seines Geschiebes, das er im unverbauten Zustand als Gesteins- und Sandfracht bis in die Donau trug. Bis heute entscheidet vor allem die Wetterlage in den Alpen, ob er Nieder- oder Hochwasser führt. Die Wintermonate, in denen die Niederschläge in den Alpen in Form von Schnee und Eis gebunden sind, gelten als „Niederwasserzeit“. In den Sommermonaten Juni und Juli führt die Schneeschmelze in höheren Lagen zusammen mit dem etwa gleichzeitigen sommerlichen Niederschlagsmaximum nicht selten zu Hochwasser.

Typisch für einen Alpenfluss ist das starke Gefälle des Lechs. Am stärksten ist es zwischen der Quelle und dem Tiroler Ort Steeg. Danach flacht es sich kontinuierlich bis zur Mündung ab (vgl. Gefälleübersicht).

Beträchtlich sind die klimatischen Unter-

Das Untere Lechtal ist der Talabschnitt der großen Ebenen: Heidelandschaft bei Lagerlechfeld.

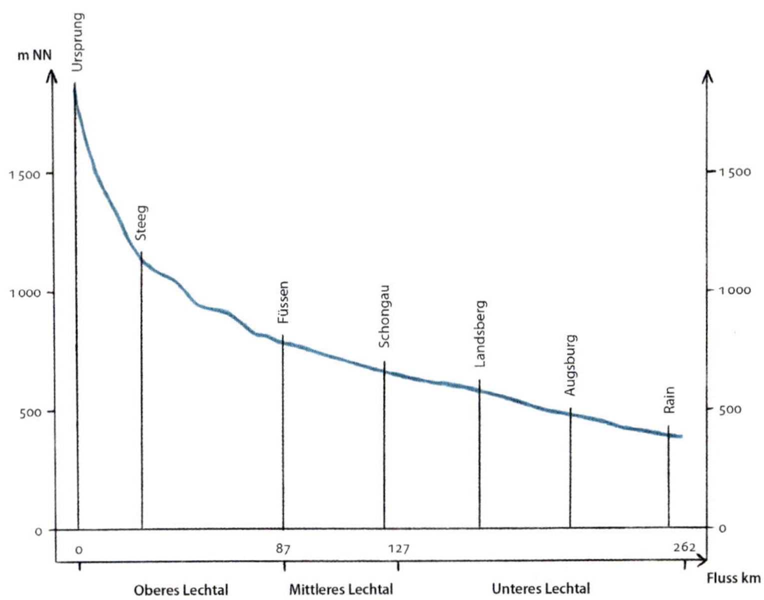

Gefälleübersicht des Lechs (nach Bauer, F. 1979.)

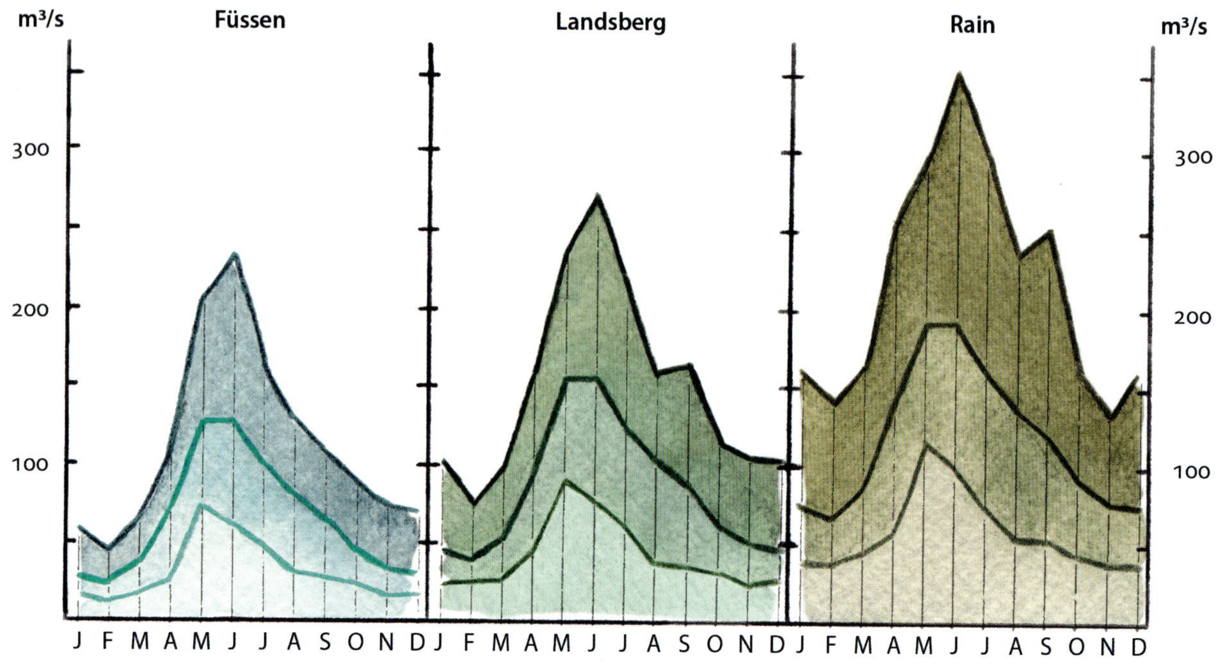

Höchster, mittlerer und niedrigster Monatsabfluss des Lechs in den Jahren 1901–1930 (nach Fischer, H. 1950)

schiede der jeweiligen Flussabschnitte. Während in den alpinen Hochlagen die Temperaturen im Jahresdurchschnitt den Gefrierpunkt nicht überschreiten, steigen sie am Alpenrand in einer Höhe um 800 Meter bereits auf 6,5° C und im Mündungsbereich bis über 8,0° C an. Ähnlich unterschiedlich sind die durchschnittlichen Niederschlagsmengen. Sie betragen in den Hochlagen der Lechtaler Alpen jährlich bis etwa 2500 mm. Am Alpenrand fallen sie auf 1400 mm und schließlich im Mündungsbereich auf 900 mm ab.
Heute weist nur noch der Obere Lech natürliche Fließstrecken auf. Unverbaut ist der Lechabschnitt in Vorarlberg mit seinen weitgehend unbegehbaren Schluchten. Einzig in Tirol in der Höhe von Forchach hat sich eine Wildflusslandschaft, die letzte der Nordalpen, bis in unsere Zeit erhalten. Auf bayerischer Seite ist der Lech heute ganz überwiegend ein Hybridgewässer, nicht See, nicht Fluss. Von wenigen letzten Fließstrecken abgesehen, ist er zwischen der Landesgrenze und der Mündung durch 24 Staustufen zu einer Stauseenkette aufgestaut. Dazu kommt eine ganze Reihe von weiteren Querbauten außerhalb der Staustufen.[1] Im Ganzen gesehen ist kein anderer bayerischer Fluss so dicht durch Stauwerke und Wehre verbaut.

1 Kraftwerke: Horn, KKW Gersthofen, KKW Langweid, KKW Meitingen. Wehre, teils mit Kraftwerken: Karolinenwehr, 6 Sohlschwellen im „Stadtwald Augsburg“, Hochablass, Eisenbahnerwehr, Wolfzahnauwehr, Gersthofenwehr

‹ In den Wintermonaten ist Wasser im Fluss Mangelware, weil die Niederschläge als Eis und Schnee gebunden sind: Lech bei Forchach (6.1.2008).

˅ Wenn in den Alpen Schneeschmelze und Regen zusammentreffen, führt der Lech in seinem gesamten Verlauf Hochwasser: Hochwasserflut im „Stadtwald Augsburg“ (6.7.97).

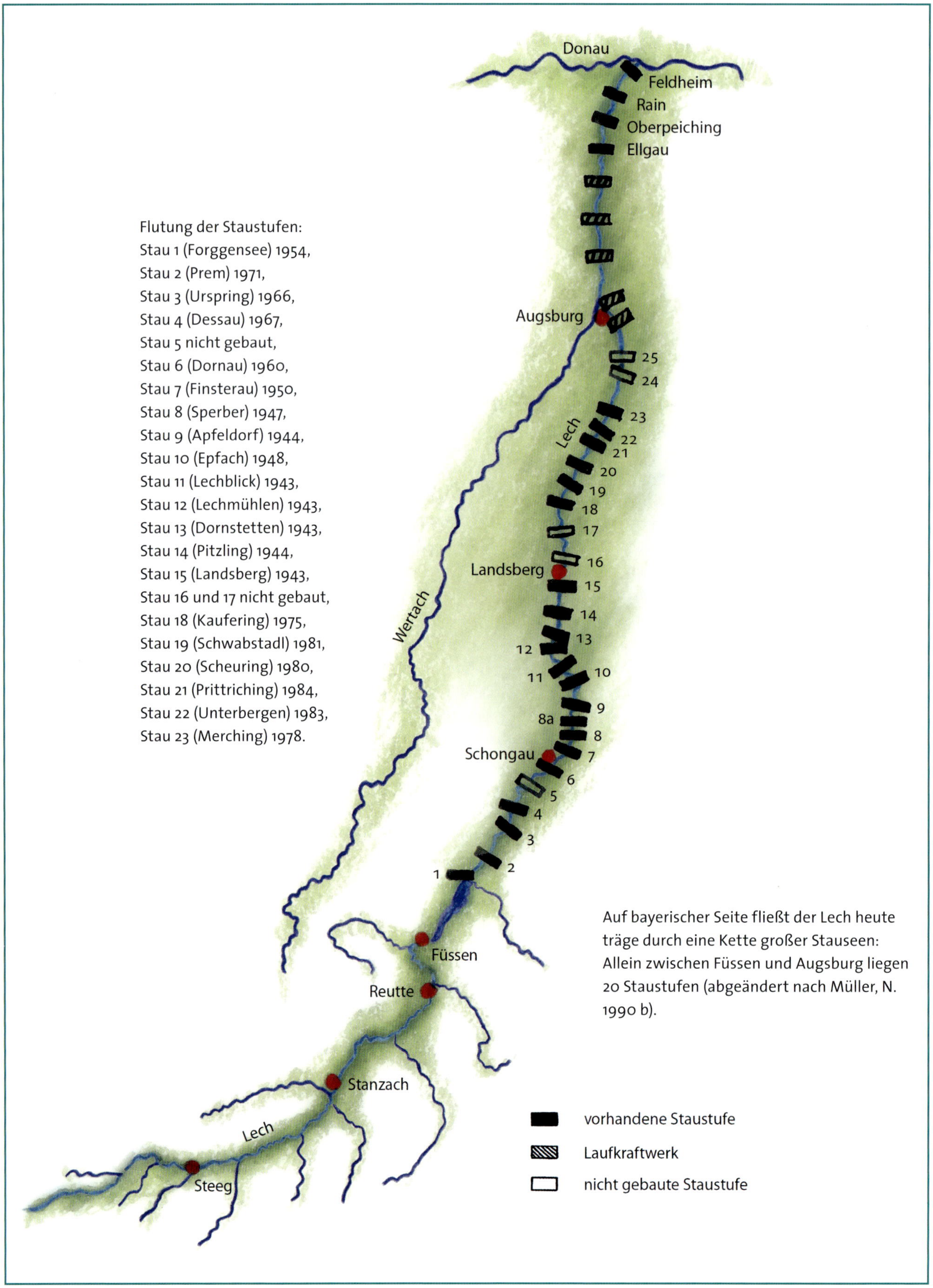

Flutung der Staustufen:
Stau 1 (Forggensee) 1954,
Stau 2 (Prem) 1971,
Stau 3 (Urspring) 1966,
Stau 4 (Dessau) 1967,
Stau 5 nicht gebaut,
Stau 6 (Dornau) 1960,
Stau 7 (Finsterau) 1950,
Stau 8 (Sperber) 1947,
Stau 9 (Apfeldorf) 1944,
Stau 10 (Epfach) 1948,
Stau 11 (Lechblick) 1943,
Stau 12 (Lechmühlen) 1943,
Stau 13 (Dornstetten) 1943,
Stau 14 (Pitzling) 1944,
Stau 15 (Landsberg) 1943,
Stau 16 und 17 nicht gebaut,
Stau 18 (Kaufering) 1975,
Stau 19 (Schwabstadl) 1981,
Stau 20 (Scheuring) 1980,
Stau 21 (Prittriching) 1984,
Stau 22 (Unterbergen) 1983,
Stau 23 (Merching) 1978.

Auf bayerischer Seite fließt der Lech heute träge durch eine Kette großer Stauseen: Allein zwischen Füssen und Augsburg liegen 20 Staustufen (abgeändert nach Müller, N. 1990 b).

3. Die Entstehung des Lechtales

Vom Urlech zum heutigen Lechverlauf

Mit der Entstehung der Alpen im Tertiär[1] bildeten sich an der Nordseite des Gebirges mehrere große Entwässerungsrinnen, von denen eine der Ur-Lech war. Dieser Urstrom richtete wahrscheinlich in der Höhe des heutigen Schongau seinen Lauf nach Nordosten, um weit östlicher als heute in die Donau zu münden. Damit glich der Verlauf des Ur-Lechs dem jetzigen Verlauf von Isar, Inn und anderen oberbayerischen und österreichischen Flüssen. Erst in der vorletzten Kaltzeit, der Riss-Eiszeit (vor etwa 200 000 bis 130 000 Jahren), verlegte der Lech seinen Unterlauf. Damals hatten die mächtigen Schmelzwässer des bis auf die Höhe von Mering reichenden Riss-Eiszeit-Gletschers harte ältesteiszeitliche Schotterdecken zunächst nach Norden hin durchbrochen und schließlich abgeräumt. Jetzt konnten sich die Wasserfluten in die offengelegten tonig-sandigen Ablagerungen aus dem Tertiär eingraben und in dem relativ weichen Boden ein breites, kastenförmiges Tal bilden. In diesem Kastental floss von nun an der Lech. Damit ist das Lechtal zwischen Schongau und der Mündung in die Donau eine geologisch junge Landschaft, worauf unter anderem das Fehlen eines stärker ausgebildeten Netzes von Zuflüssen in diesem Bereich hinweist.

Das Landschaftsbild des heutigen Tales ist ganz wesentlich durch die eiszeitlichen Gletscher und deren Schmelzwässer geprägt. Dabei überdecken die Schuttmassen jüngerer Eiszeiten, was ältere geschaffen hatten. Ebenso rissen die Schmelzwässer nicht selten weg, was frühere Schmelzwässer aufgeschüttet hatten. Daher lieferte die letzte Eiszeit, die Würmeiszeit (vor 110 000 bis 10 000 Jahren), den entscheidenden Schliff der Lechlandschaft.

Deshalb soll hier näher nur auf den erdgeschichtlich gesehen sehr kurzen Abschnitt von der Würmeiszeit bis zur Jetztzeit eingegangen werden. Er umfasst den Zeitraum von der größten Ausdehnung des würmeiszeitlichen Gletschers vor circa 20 000–30 000 Jahren über das Abschmelzen der Eismassen im Spätglazial

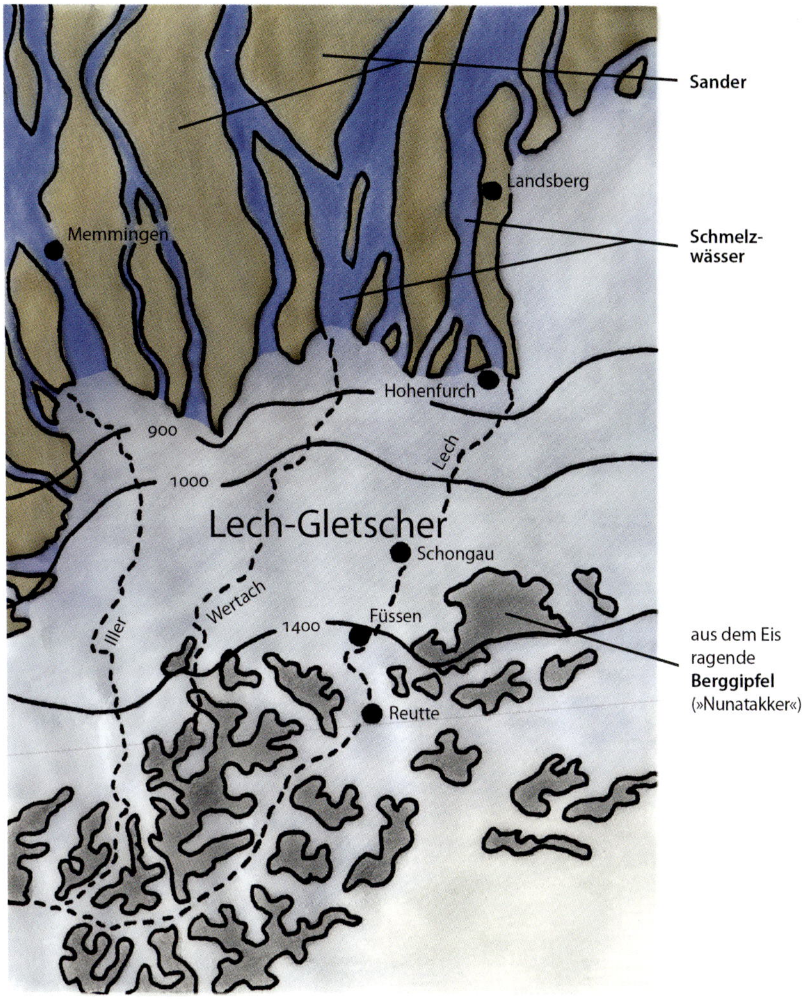

Im Alpenvorland verbanden sich Gletscher verschiedener Herkunft zu einer zusammenhängenden Eismasse. Die Zunge des Lechgletschers reichte bis in die Höhe von Hohenfurch (abgeändert nach einer Vorlage von Scholz, H. 1995).

1 Peter Nasemann hat in seinem Buch *Der Lech im Gebirge* erklärt, wie die Gebirgsregion entstanden ist, und Werner Gamerith hat in *Lechtal – Eine Landschaft erzählt ihre Geschichte* der Bergwelt des Lechs und dem Fluss selbst ein literarisches Denkmal gesetzt.

Die gewaltigen Gletscher der Eiszeit flossen durch die Alpentäler (a). Dabei staute sich in den Seitentälern der Eisfluss (b). Nur steile Grate und hohe Gipfel blieben eisfrei (c).

vor circa 18 000 – 10 000 Jahren bis in unsere Zeit.

Der Lechgletscher

In der Hochphase der würmeiszeitlichen Kälteperiode bedeckten riesige Eismassen die ganze Alpenregion. Nur die höchsten Gipfel, die nach den aus den Gletschern ragenden Bergen Grönlands „Nunatakker" genannt werden, blieben eisfrei. Aus dem Lechtal ergoss sich der Lechgletscher, der sich vor allem aus den Eismassen der Lechtaler Alpen, der südlichen Allgäuer Alpen, der Hornbachkette und der Tannheimer Berge nährte. Geringe Zuflüsse aus den Zentralalpen erhielt er zudem über den Flexen- und Fernpass. Dabei lagen die riesigen Eismassen nicht statisch auf dem Untergrund, sondern zogen sich wie ein zäh-plastischer Brei sehr langsam, aber stetig durch das Tal ins Alpenvorland.

Beim Verlassen des Gebirges überwand der Lechgletscher den Falkensteinzug beim heutigen Füssen und erstreckte sich als 40 Kilometer breiter Lech-Vorlandgletscher bis weit ins Alpenvorland. In der Region von Reutte erreichte das Eis eine Mächtigkeit von circa 1700 Metern, bei Füssen von etwa 800 Metern und bei Schongau immer noch von ungefähr 500 Metern.

Eingelagert ins Gletschereis waren Felsen und Gesteinsbrocken, die durch Erosionsprozesse von eisfreien Gipfeln und Graten auf den Gletscher gestürzt waren oder die der Gletscher selbst von den Talflanken und aus dem Talgrund herausgebrochen hatte. Diese Gesteinsmassen wirkten zusammen mit dem Gewicht des Gletscherstroms wie ein gewaltiger Hobel, der ganze Berge rundete, Karmulden in den Felsengrund fräste, Felsen zu glatten Flächen schmirgelte, die Talränder glättete und schließlich den Talgrund zu einem Trogtal mit U-förmigem Querschnitt umformte. Insgesamt wurde durch die Schürfwirkung des Gletschers

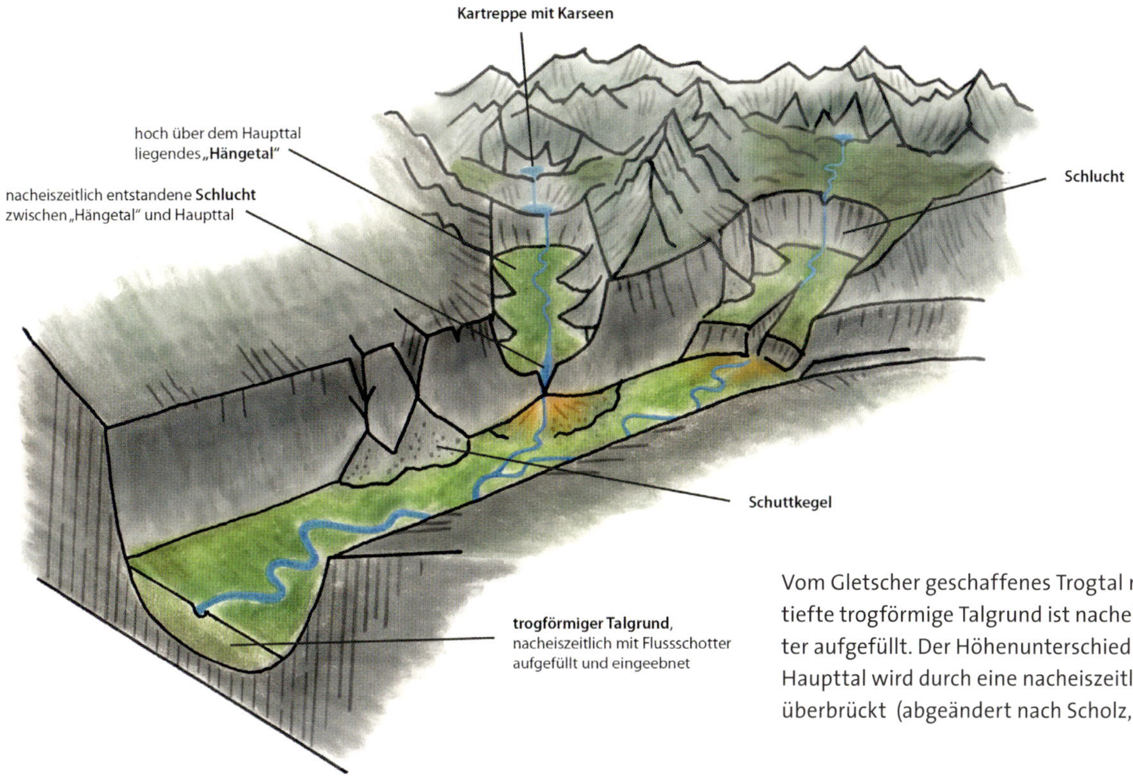

Die Eismassen des Lechgletschers schliffen auch die Seitentäler zu trogförmigen Talformen aus. An den geglätteten Talkanten kann man noch heute die Kraft des Eises erkennen (Blick von der Hanauer Hütte ins Angerletal). Im Lechtal selbst war die U-förmige Talsohle vor ihrer Aufschüttung mit Schotter durch den nacheiszeitlichen Fluss wesentlich ausgeprägter als in den Seitentälern.

Vom Gletscher geschaffenes Trogtal mit Hängetal. Der übertiefte trogförmige Talgrund ist nacheiszeitlich mit Flussschotter aufgefüllt. Der Höhenunterschied zwischen Seitental und Haupttal wird durch eine nacheiszeitlich entstandene Schlucht überbrückt (abgeändert nach Scholz, H. 1995).

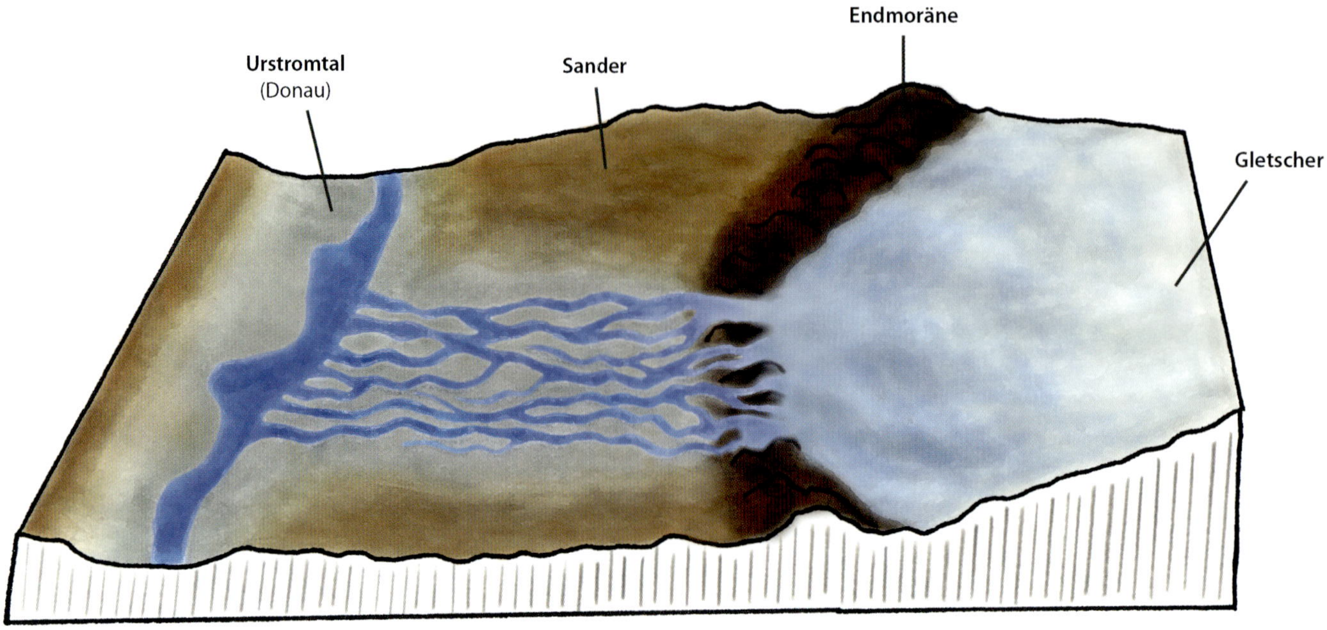

Nach dem Durchbruch durch den Endmoränenwall flossen die Schmelzwässer in unzähligen Rinnen über weite Schotterflächen, die sogenannten Sander, zur Donau hin ab (Schema nicht maßstabsgerecht).

das Tal wesentlich eingetieft, so z. B. bei Reutte um fast 200 Meter. Damit hatte sich der Gletscher selbst einen großzügig verlaufenden Taltrog geschaffen, durch den er weitgehend ohne Hindernis fließen konnte.

Weil der mächtige Hauptstrom im Lechtal dabei die kleineren Eismassen der Seitentäler staute, konnte sich das Eis hier nicht so tief in den Talgrund fräsen. Deshalb liegen die alpinen Seitentäler des Lechs bis heute als so genannte Hängetäler hoch über dem Haupttal.

An der Gletscherstirn in der Höhe zwischen Hohenfurch und Kinsau schüttete der Lechgletscher riesige Mengen von mitgebrachtem Gestein und Erde aus und häufte sie zu wallartig geformten Schuttmassen, den sogenannten Moränenwällen, an. Die aus dem Eis austretenden Schmelzwasserströme durchbrachen diese Wälle und verbanden sich weiter talabwärts mit Zuflüssen aus dem weit vorspringenden Isar-Loisach-Vorlandgletscher. In unzählige und sich ständig verändernde Rinnen aufgeteilt, flossen sie auf kilometerbreiten, nach Norden hin abfallenden Schotterflächen, die nach ihren isländischen Vorbildern „Sander“ genannt werden, zur Donau hin ab. Aus diesen Schmelzwasserrinnen entstand der Mittlere und Untere Lech.

Zwischen Schongau und Landsberg hatten sich bereits die Wasserströme früherer Eiszeiten und der zwischeneiszeitlichen Wärmeperioden in den Talgrund eingegraben. Die Schmelzwässer der Würmeiszeit setzten ebenso wie nacheiszeitlich der Lech selbst dieses Werk fort. So entstand ein tiefer und teils bis in den tertiären Flinz reichender Einschnitt, der nördlich von Hohenfurch bis zu 70 Meter und im Bereich von Landsberg-Kaufering immer noch bis zu 24 Meter tief ist. Mit dieser Eintiefung war eine ursächlich bis heute nicht geklärte Ostverlagerung der Flussrinnen verbunden. Die Wasserläufe, die sich nicht kontinuierlich, sondern – zeitlich stark gerafft gesehen – geradezu ruckartig in die Schotterfläche eingegraben hatten, hinterließen bis zu 16 ineinander verschachtelte Stufen. Dieses eigenartige Bodenprofil einer „abgetreppten“ Terrassenlandschaft ist besonders auf der Westseite des Tales zwischen Hohenfurch und Lagerlechfeld ausgeprägt. Dabei liegen die Stufen aus älteren Vereisungsperioden am höchsten und am weitesten vom heutigen Fluss entfernt, die jüngsten Terrassen

Die nördlichsten Endmoränen des würmeiszeitlichen Lechgletschers liegen zwischen Hohenfurch und Kinsau. Der Flurname „Auf den Gruben“ weist auf die besondere Landschaftsform hin.

In Kiesgruben bei Hohenfurch werden die bis zu 20 Meter mächtigen Schotterablagerungen der eiszeitlichen Schmelzwässer abgebaut.

sind dagegen flussnah. Nach Landsberg nimmt die Zahl der Stufen allmählich ab, zudem werden sie flacher. Nördlich von Lagerlechfeld sind nur noch wenige und flache Terrassen erkennbar. Sie lösen sich allmählich in der großen Ebene des Lechfeldes auf. Auf der Ostseite des Tales führte die Eintiefung der Flussrinnen an vielen Stellen zu bis 50 Meter hohen und instabilen Steilhängen.

Nördlich von Landsberg blieb dagegen die Talsohle flach. Auch hier lagerten die Schmelzwasser des Würmeiszeitgletschers immer noch mächtige Schottermassen im breiten Tal ab und rissen gleichzeitig den Großteil der Schuttmassen aus der vorangegangenen Risseiszeit weg. Als Relikte der risseiszeitlichen Schotterauflagerungen blieben Hochterrassen nur bei Augsburg, Langweid und Rain bestehen. Während der Eiszeit wehten trockene und kalte Fallwinde einen feinen Staub, der im Alpenvorland durch Verwitterungsprozesse entstan-

ebene der Talsohle konnte sich dagegen keine Lössschicht bilden. Die Niederterrasse, die nie das Niveau der risseiszeitlichen Hochterrassen erreicht hat, blieb deshalb vergleichsweise unfruchtbar, obgleich sie sehr grundwasserreich ist. Deshalb kontrastieren bis heute die Landschafts- und Vegetationsbilder der Hochterrasse bei Augsburg und Langweid und der Niederterrasse erheblich.

Der Rückzug des Gletschers

Am Ende der Würmeiszeit zogen sich die Gletscher etappenweise in die Hochlagen der Alpen zurück, sodass spätestens vor 14 000 Jahren das Alpenvorland eisfrei war. Erst jetzt traten die Landschafts-

Zwischen Kinsau und Epfach sind die Stufen der Terrassenlandschaft besonders steil.

An vielen Stellen, wie hier bei Epfach, wurde die östliche Talflanke durch eine Übersteilung instabil. Sie neigt hier bis heute zum Rutschen.

den war, auf die Tundravegetation der Augsburger und der Langweider Hochterrasse. So entstand allmählich der 1 bis 5 Meter mächtige und sehr fruchtbare Lössboden.

Auf der weitgehend vegetationsfreien und immer wieder überspülten Schotter-

formen zutage, die die Eismassen geschaffen hatten: wallförmige Endmoränen, Rundhöcker, Senken und walrückenartig geformte Hügel, die sogenannten Drumlins. Dabei markieren die Endmoränen jeweils Phasen des Gletscherrückzuges. Weit verstreut liegen noch heute

Bis über 4 Meter mächtig ist der von eiszeitlichen Fallwinden angewehte Lössboden auf der Augsburger Hochterrasse: Bau des Fußballstadions in Augsburg (18.01.2008).

in der Landschaft große Gesteinsbrocken, die der Gletscher aus den Alpen hierher geschleppt und beim Abschmelzen abgelagert hat. Da sie nicht aus dem Voralpenland stammen, werden sie Findlinge oder „erratische Blöcke" genannt. Auch die „Toteislöcher", scharf begrenzte und bis zu 20 Meter tiefe Mulden, gehen auf den weichenden Gletscher zurück. Beim raschen Abschmelzen des Eises hatten nicht selten ganze Gletscherteile den Zusammenhang mit dem Hauptgletscher verloren. Von Schottermassen überdeckt schmolz dieses „Toteis" erst allmählich ab, wobei es je nach Beschaffenheit des Untergrundes trockene, wechselfeuchte oder mit Wasser gefüllte Senken hinterließ.

Nach dem weiteren Schmelzen des Eises hatte sich zwischen dem Falkensteinzug im Süden und dem Illasberg im Norden, also im ehemaligen Stammbecken des Vorlandgletschers, ein riesiger See, der Füssener See, gebildet. Nach neueren Forschungsergebnissen floss er zunächst über den Halblech ab. Erst nachdem der Halblech diesen Abfluss mit einem Schuttfächer verriegelt hatte, durchbrachen die Wasser die Molasse des Illasberges. Sie sägten sich hier immer tiefer ins Gestein ein und schufen damit die großartige Illasschlucht. Schließlich entleerten sich die Wassermassen durch diese Schlucht, sodass vom einstigen Füssener See nur die heute noch existierenden größeren Seen, der Bannwald-, Hopfen-, Weißen- und Schwansee übrigblieben.

Beim weiteren Rückzug des Eises ins Gebirge hinein war durch Aufstau der Schmelzwasser vor dem Falkensteinzug noch ein weiterer See, der Pfrontener See, entstanden. Seine Wassermassen stürzten im Bereich der heutigen Lechschlucht bei Füssen über 100 Meter tief in den damals noch bestehenden Füssener See. Dabei gruben sie sich nach und nach immer tiefer in den Wettersteinkalkquerriegel ein und entleerten so allmählich den Pfrontener See.

Mit dem weiteren Zurückweichen des Eises wurde zunächst das U-förmige Trogtal des inneralpinen Lechs frei. Die Bäche der hoch über der Talsohle liegenden „Hängetäler" stürzten damals noch über hohe Wasserfälle ins Lechtal (vgl. Schema S. 29)

Besonders charakteristisch sind in der Moränenlandschaft zwischen Bannwald- und Forggensee die stromlinienförmigen Rücken der Drumlins. Die Längsachse dieser Moränen entspricht der Fließrichtung des Gletschers.

Aus den Alpen hat der Gletscher Gesteinsmassen bis ins Alpenvorland transportiert und hier abgelagert: „Findling“ auf einem Moränenhügel beim Bannwaldsee.

Toteisloch bei Dietringen: In einer vom Eis abgedichteten Senke sammelt sich Wasser zu einem Tümpel.

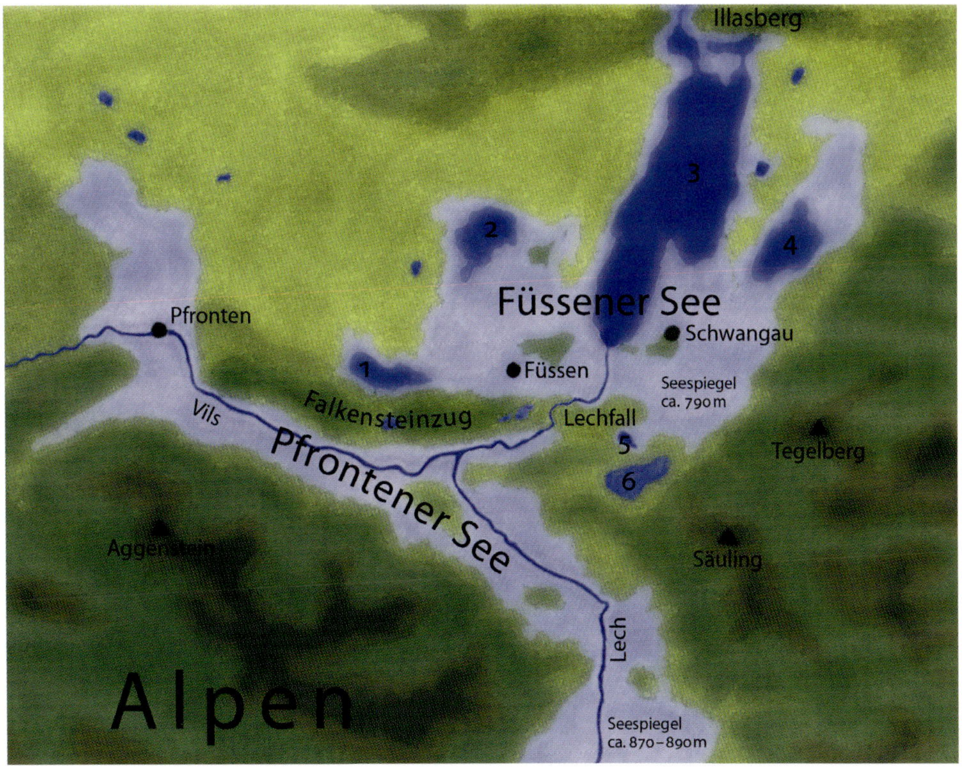

heute noch bestehende Seen: 1 Weißensee 2 Hopfensee 3 Forggensee 4 Bannwaldsee 5 Schwansee 6 Alpsee

1750–2000 1500–1750 1000–1500 800–1000 bis 800 m ü. NHN

Nach dem Abschmelzen des Eises stauten sich die Schmelzwässer zu zwei riesigen Seen, dem Füssener See zwischen dem Illasberg, und dem Falkensteinzug, und dem Pfrontener See südlich vom Falkensteinzug (geändert nach Nasemann, P. 2007).

Der Falkensteinquerriegel (hier grau dargestellt) trennte nacheiszeitlich den Füssener See vom Pfrontener See, bis sich die Wassermassen im Bereich der heutigen „Lechschlucht bei Füssen“ (➜) einen Abfluss durch den Fels gegraben hatten.

Zuletzt wich das Eis in der Bergregion und gab damit auch hier ein von ihm gestaltetes Landschaftsbild frei. Unter den schroffen Graten und Gipfeln, die aus dem Gletscher geragt hatten, erschienen die vom Eis gerundeten Kuppen und geglätteten Berghänge. In Karen, die der Gletscher ausgehobelt und anschließend durch sein Moränenmaterial abgedichtet hatte, staute sich das Wasser zu kristallklaren Bergseen.

Die Wildbäche und der Wildfluss

Nach dem Schwinden des Eises übernahm der Lech selbst von der Quelle bis zur Mündung die Gestaltung des Tales. Von Anfang an zeigte er dabei die Eigenschaften *schnell fließend*, *steinreich* und *unstet*.

Die Quellbäche aus den Hochlagen des Lechquellengebirges, der Lechtaler und der Allgäuer Alpen arbeiten seit dem

Abrupt wie nirgendwo sonst in den Nördlichen Kalkalpen geht das Hochgebirge bei Schwangau in flaches Land über. In dieser „Füssener Bucht“ breitete sich in der Eiszeit der Gletscher und später der Füssener See aus.

Das inneralpine Lechtal mit seinen abgeschliffenen Talkanten war ursprünglich ein typisches U-förmiges Trogtal. Erst nacheiszeitlich füllte der Lech mit seinen Schottern den Talgrund zu einer ebenen Fläche: Lechtal bei Elmen.

Die Rote Wand über dem Lechquellengebiet erhebt sich schroff aus den vom Eis gerundeten Bergformationen. Wie viele andere Gipfel und Grate ragte sie selbst während der größten Ausdehnung der Gletscher aus dem Eis.

Der Roßkarsee bei Gramais liegt wie viele andere Seen der Lechtaler und Allgäuer Alpen in einem vom Gletscher ausgehobelten und mit Moränenschutt abgedichteten Kar.

Ende der Eiszeit bis heute unablässig am Profil ihrer Täler. In ihrem Oberlauf überwinden sie Felsstürze durch Wasserfälle und bohren sich beharrlich und erfolgreich durch Gesteinsformationen, die ihren Verlauf verriegeln. Weiter abwärts graben sie sich kontinuierlich in ihre Trogtäler ein. Vor ihrer Mündung ins Haupttal haben sie sich während der letzten 10 000 Jahre so tief durchs Gestein gesägt, dass sie heute ihre Hängetäler in tiefen und vielerorts unbegehbaren Schluchten verlassen. Dies gilt nahezu für alle alpinen Bäche, vom Lech oberhalb des Ortes Steeg selbst bis zur Pöllat bei Schwangau.
Nacheiszeitlich hatten die Quellbäche ihre riesigen Geröllmassen im Lechtal abgelagert, wo sie vom Lech so verteilt wurden, dass allmählich aus dem trogförmigen ein ebener Talgrund wurde (siehe Bild auf S. 36). Der Fluss änderte dabei ständig seinen Lauf im Talgrund, grub sich nicht selten wieder in die von ihm eingeebneten Geröllmassen ein

Die Kraft des Wassers wird an Stellen wie dieser besonders deutlich, wo die Bäche am felsigen Grund nagen.

‹ Besonders bizarr hat sich der Streimbach unterhalb von Boden durch einen felsigen Querriegel gesägt.

Nahezu alle Seitentäler des alpinen Lechs erreichen heute das Haupttal durch eine Klamm oder Schlucht: Schwarzwasserbach kurz vor der Mündung.

Bei Vorderhornbach schuf der Lech eine imposante Terrassenlandschaft, indem er sich in das von ihm aufgeschüttete Geröll wieder eingrub und gleichzeitig sein Flussbett verlagerte.

Die Bäche transportieren die Schuttmassen der Berge zu Tal.

Zunächst runden sich die Steine allmählich: Steine im Streimbach.

und schuf damit die für Wildflusslandschaften typischen Terrassen.
Bis heute schleppen die Quellbäche Erd- und Steinmassen talwärts, wo sie vom Lech weitertransportiert werden. Zur Zeit der Schneeschmelze oder nach heftigen Regenstürzen lässt sich die Kraft dieser Wildbäche eindrucksvoll beobachten. Dann reißen die trüben Wasser ganze Felsbrocken mit sich, schürfen an Bergstürzen und Steilhängen und unterspülen Bäume und Sträucher. Nicht selten hört man im Getöse des talwärts tosenden Wassers die Steine poltern. Dabei schleifen sie sich im Wildwasser allmählich zu runden Kieseln, den Lech-Kieseln.
Beim Verlassen der Alpen und im Alpenvorland sägte sich der Lech in bereits späteiszeitlich entstandene Durchbrüche

In der Vielfalt dieser „Lech-Kiesel" spiegelt sich die geologische Vielfalt der Berge.

steinerner Querriegel weiter ein, besonders anschaulich in der Lechschlucht bei Füssen durch den Wettersteinkalkriegel des Falkensteinzuges, dann in der Illasschlucht durch die Molassequerrippen am Illasberg und schließlich durch den Molassequerriegel bei Lechbruck. Auch weiter nordwärts bis über Landsberg hinaus führte der Lech die bereits beschriebene Eintiefung der ehemaligen Schmelzwässer in die Schottermassen fort, an einigen Stellen bis in die oberste Molasseschicht, den tertiären Flinz.

Wo immer es die Talsohle zuließ, neigte der Fluss zur Verzweigung. Wenn gleichzeitig das Gefälle der Talsohle flacher und damit die Schleppkraft des Wassers geringer wurde, lagerte der Fluss besonders viel Kies und Sand ab. Diese „Alluvionen“ bestehen südlich von Augsburg vor allem aus einer mächtigen Kiesschicht; nördlich von Augsburg, wo der Fluss bei nachlassender Fließgeschwindigkeit an Schleppkraft verloren hatte, aus eher feinem bis sandigem Material. Gleichzeitig transportierte der Lech Kies und Sand weiter bis in die Donau. Dabei hatte sich im Ganzen gesehen ein Gleichgewicht im An- und Abtransport von Gestein und Erdreich herausgebildet. Was der Lech

In einer für die gesamten bayerischen Alpen einzigartigen Schlucht verlässt der Lech das Gebirge: Lechschlucht bei Füssen.

Bis heute „sägt“ der Lech am Molassequerriegel bei Lechbruck.

An der Felsformation der Illasschlucht ließ sich die Kraft des Wassers besonders deutlich erkennen (oberes Foto vor 1954).
An einigen Stellen grub sich der Lech bis in den tertiären Flinz ein (Foto 28.6.49, unterhalb von Landsberg).

Die Kieshalde am Füssener Lech vermittelt eine Vorstellung von den riesigen Gesteinsmengen, die der Lech vor der Verbauung von den Alpen zur Donau transportiert hatte.

an Kies und Sand zur Donau abtransportierte, ersetzte er durch neue Geröllfrachten aus den Alpen.

Besonders weit aufgefächert war der Lech inneralpin zwischen Stanzach und Weißenbach, außeralpin im Bereich des heutigen Forggensees und schließlich auf dem „Lechfeld“ südlich von Augsburg.

Zwischen Landsberg und Augsburg hatte sich der Lech, nachdem er sich durch abgelagerte Geröllmassen sein ursprüngliches Bett selbst versperrt hatte, über mehrere Kilometer nach Osten bis nahe an die steile Lechleite verlagert, allein in den letzten 700 Jahren um 3,5 Kilometer. In dem verlassenen Flussbett blieb das vom Wildfluss geschaffene Bodenprofil zurück: Kies- und Sandbänke, flache und tiefe Rinnen sowie Mulden. Damit war eine wichtige Voraussetzung für die Entstehung extrem unterschiedlicher Biotope in der Aue und damit auch Grundlage für die überaus große Artenvielfalt der Lechfeldheiden geschaffen. Die Kiesbänke wurden zu schütter bewachsenen Trockenstandorten. In Rinnen und Mulden floss oder stand Wasser, teilweise waren sie auch nur wechselfeucht. Zudem bil-

Die undatierte Karte zeigt noch den natürlichen Flussverlauf nord-östlich von Füssen. In der Region des heutigen Forggensees war der Fluss besonders weit verzweigt.

deten sich in tieferen Senken Quelltöpfe, die kleine Bäche – die sogenannten Gießer – mit frischem Quellwasser speisten.

Deutlich ist die alte Flussrinne auf dem weiten Lechfeld bei Königsbrunn zu erkennen (Foto 4.6.39).

Quelltöpfe speisten inmitten der Heideflächen kleinere Bäche, die sogenannten Gießer. Heute sind nur noch wenige derartige Relikte der alten Flusslandschaft erhalten: Quelltopf auf der Hasenheide.

Die Tundren Lapplands vermitteln einen Eindruck von den eiszeitlichen Tundren des Alpenvorlandes, über die einst Großtiere wie Mammut, Wildpferd und Rentier zogen.

4. Das Lechtal als Wanderweg und Lebensraum für Pflanzen und Tiere

Die Pflanzen- und Tierwelt der Eiszeit

Während der Eiszeiten überlebten innerhalb der Alpen auf den eisfreien Berggipfeln und in Felsspalten nur wenige extrem kälte- und trockenheitsresistente Pflanzen. Im Alpenvorland konnte sich auf den riesigen Schotterflächen der Schmelzwässer keine dauerhafte Vegetation entwickeln. Hier rissen die unsteten Wasserläufe die aufkommenden Pflanzen immer aufs Neue mit sich fort. Die Hochterrassen waren dagegen von baumlosen Tundren bedeckt, auf denen Großtiere wie Mammut und Rentier lebten.

Nach der Eiszeit zogen sich bei zunehmender Erwärmung die kältegewohnten Pflanzen und Tiere, dem schmelzenden Eis folgend, in immer höher gelegene Alpenbereiche zurück. Einige von ihnen konnten als „Eiszeitrelikte" bis heute in den Mooren des Alpenvorlandes und in geringerem Ausmaß in der Wildflusslandschaft selbst überleben. Nicht wenige überstanden aber den Klimawechsel nicht. Bekanntester Vertreter der ausgestorbenen Tiere ist das Mammut, von dem immer wieder Skelettreste in eiszeitlichen Kiesablagerungen auftauchen.

Immer wieder finden sich in den Kiesgruben des Alpenvorlandes Reste eiszeitlicher Tiere, besonders häufig Mammutzähne.

Die Silberwurz, eine typische Pflanze der eiszeitlichen Tundren, hat als „Eiszeitrelikt" nicht nur in alpinen Höhenlagen, sondern auch im Flussbett der Wildflüsse überlebt.

Die ersten Wälder nach der Eiszeit dürften weitgehend den Birken-Kiefernwäldern der Taiga Nordeuropas entsprochen haben: Taiga in Nord-Finnland.

Die Rückkehr der Pflanzen und Tiere

Nach dem endgültigen Rückzug des Eises aus dem Voralpenland vor circa 14 000 Jahren wechselte das Klima zunächst noch mehrfach zwischen wärmeren und kälteren Perioden. Entsprechend änderte sich in dieser Zeit auch das Vegetationsbild. Erste Birken-Kiefernwälder wurden während erneuter Kältezeiten immer wieder von baumlosen Tundren abgelöst, bis sich bei anhaltender Stabilisierung des Klimas vor circa 9 000 Jahren allmählich Wärme liebende Artengemeinschaften durchsetzen konnten.

Den Wettlauf um die neuen Lebensräume gewannen vor allem Bäume. Sie konnten sich nicht nur schnell ausbreiten, sondern auf Grund ihrer Größe auch besonders wirksam gegen niederwüchsige Arten durchsetzen. Dauerhaft frei von Bäumen blieben vor allem felsige und moorige Regionen sowie Uferstreifen von Flüssen. Entlang der Flüsse schuf der damals weit verbreitete Biber durch Fällen ganzer Baumbestände offene Areale, die sogenannten Biberwiesen. Zudem drängten die damals reichen Wildbestände der Auen den Wald zurück. So entstanden entlang der Flüsse lichte Baumbestände und zusammenhängende Freiräume. Wie gewundene Bänder durchzogen die Wildflüsse mit ihren ausgedehnten Kies- und Sandbänken und baumlosen Uferstreifen das bewaldete Voralpenland bis zur Donau. Die Donau selbst führte dieses Band weiter bis zu den kontinentalen Steppen Osteuropas und schließlich bis zu ihrer Mündung ins Schwarze Meer.

Anders als die Isar hatte der Lech dank seiner geografischen Lage zusätzlich Anschluss an baumfreie Regionen der Alb. Die flachgründigen und felsigen Höhenzüge dieses Gebirgszuges reichen über die Burgundische Pforte weiter nach Westen bis in die Jurazüge der Schweiz und Frankreichs. Von hier aus ergab sich der Anschluss an das Rhônetal und damit eine bis zum Mittelmeer reichende Verbindung.

Die Routen für die nacheiszeitliche Zuwanderung der sogenannten Offenlands-

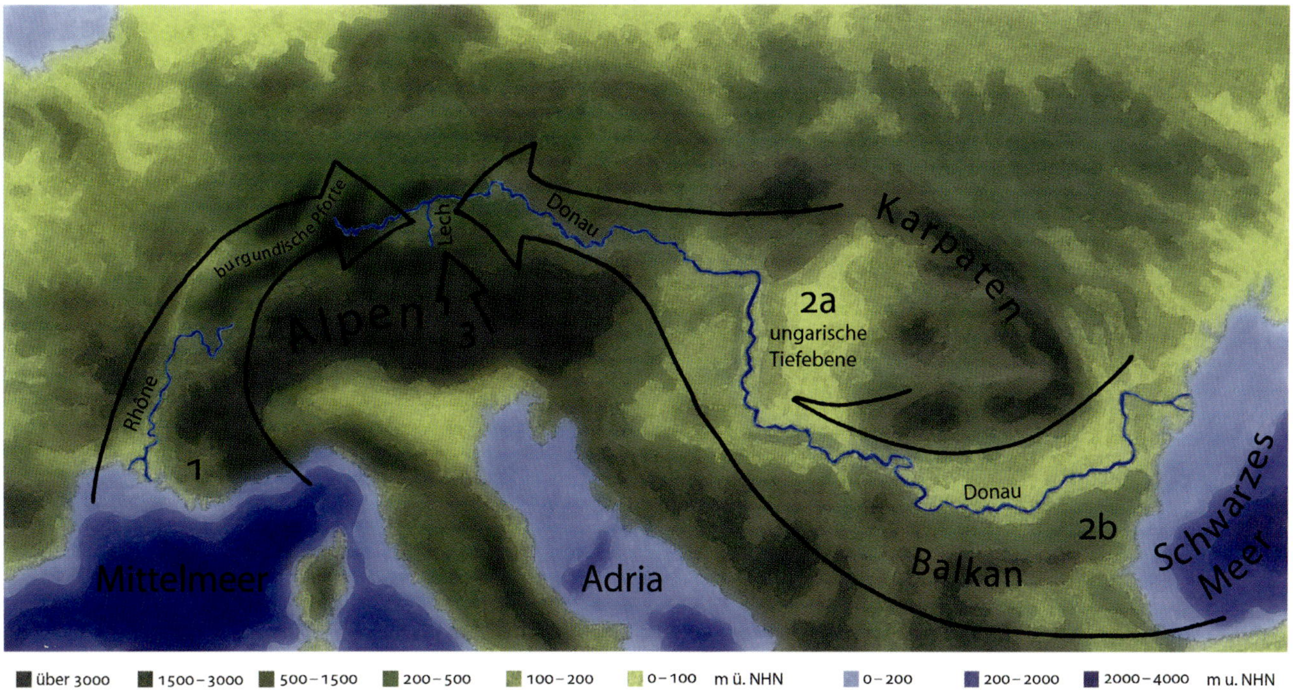

Am Lech liegen die Schnittpunkte der Ausbreitungsrouten der Pflanzen und Tiere, die nacheiszeitlich aus dem Mittelmeerraum (1), den kontinentalen Steppen Osteuropas (2) [2a = panonisch, 2b = pontisch] und aus den Alpen (3) zugewandert sind.

arten, d.h. Gräser und Kräuter und ihrer zugehörigen Tierwelt, waren damit vorgegeben. Den Wildflüssen kam in dem großräumigen Verbundsystem baumfreier Areale eine Schlüsselrolle zu. Ganz besonders lagen am Lech, der wie kein anderer Fluss die Naturräume Alpen und Alb auf kürzestem Weg verbindet, die Schnittstellen der Wanderrouten aus den erwähnten mediterranen, kontinentalen und alpinen Regionen. Zu den aktiv eingewanderten Arten gesellten sich noch die „Schwemmlinge", deren Samen der Fluss aus den Alpen bis weit ins Flachland getragen hatte. In der überaus vielgestaltigen Aue der Wildflüsse fanden viele dieser zugewanderten Pflanzen und Tiere dauerhafte Lebensräume, sodass sie hier trotz ihrer unterschiedlichen Herkunft bis heute eng benachbart anzutreffen sind.

Das Lechtal – Verbindung von Alpen und Alb

Bis zur Verbauung des Lechs funktionierte die „Biotopbrücke Lechtal". Über Jahrtausende wanderten hier flussauf- und flussabwärts Pflanzen und Tiere, zunächst durch den mitteleuropäischen Urwald, später durch die Kulturlandschaft. Damit war der Lech das wichtigste Verbindungsglied zwischen den großen Naturräumen Alpen und Alb. Die Verbreitungskarten zahlreicher Arten zeigen sehr anschaulich, wie das Lechtal einem schmalen Steg gleich Möglichkeit zum Wandern und gleichzeitig zur Ansiedlung bot.

Heute wird diese Brücke zunehmend brüchig, weil nach und nach wichtige „Trittsteine", d.h. eng benachbarte und ökologisch ähnliche Lebensräume, in der Aue verschwinden. Ursache für diesen schleichenden Prozess ist die Verbauung des Wildflusses, die sich bis weit in die Aue hinein auswirkt. Damit droht ein für ganz Mitteleuropa wichtiges und Jahrtausende altes Verbundsystem zu zerbrechen. Es zählt zu den großen naturschutzfachlichen Herausforderungen unserer Zeit, dieser negativen Entwicklung nach Möglichkeit Einhalt zu gebieten.

Orchideen, wie Pyramiden-Spitzorchis, haben bis heute ihr Hauptverbreitungsgebiet im submediterranen Raum. Von dort sind sie auf der beschriebenen Route bis an den Lech gewandert.

Aus den Steppen Osteuropas kamen viele Arten wie z. B. die Küchenschelle bis zu uns.

Ein typischer Vertreter der am Lech vorkommenden alpinen Pflanzen ist die Schneeheide.
An geeigneten Stellen wächst sie bis nahe zur Donau.

Als typischer „Schwemmling" gilt die Zwerg-Glockenblume, die im Lechtal auf kiesigem Grund bis nördlich von Augsburg vorkommt.

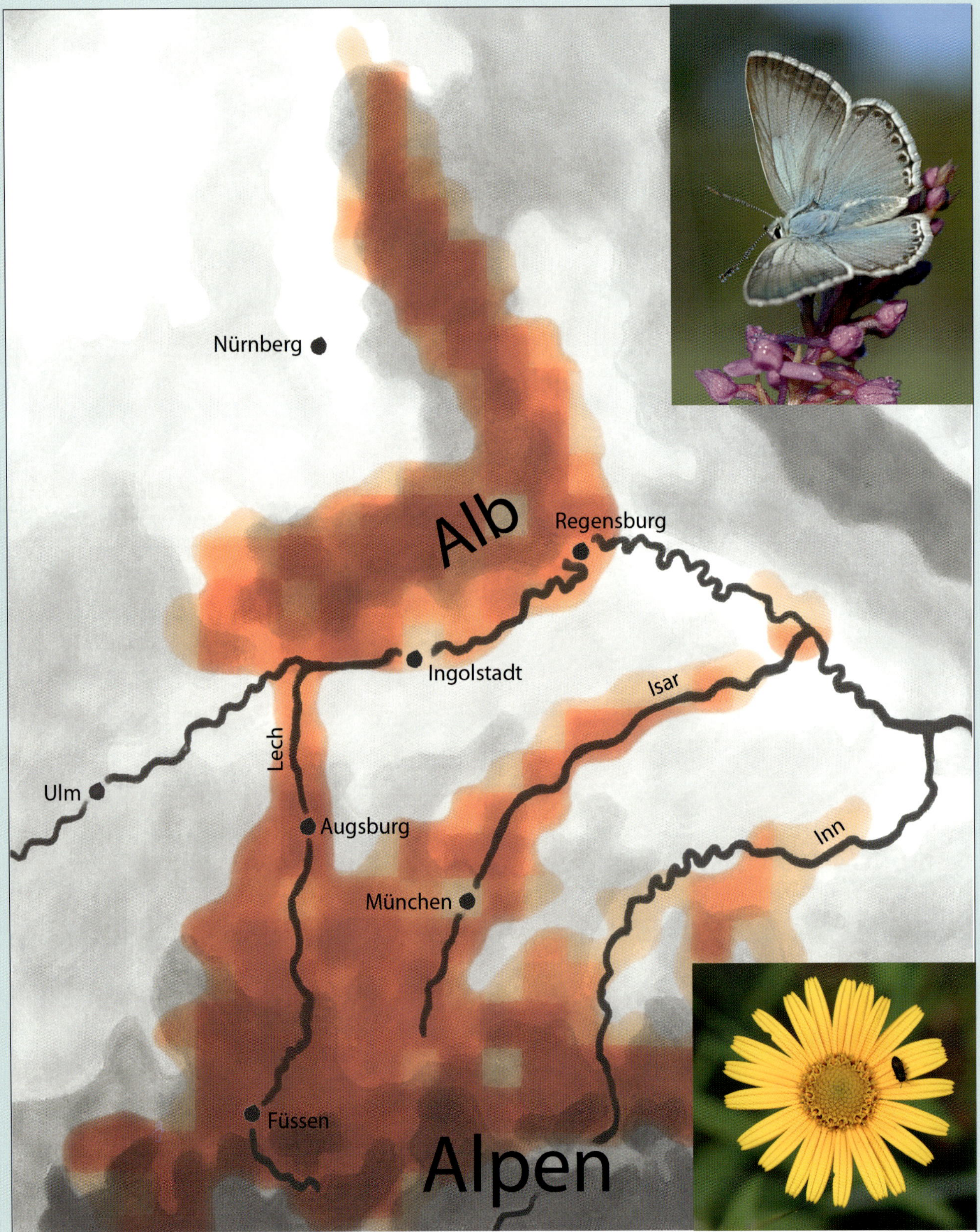

Beispielhaft zeigt die nahezu identische Verbreitung des Weidenblättrigen Ochsenauges und des Silbergrünen Bläulings die Funktion des Lechtales als Biotopbrücke zwischen Alpen und Alb.

Versprengte Arten

Nicht wenige Arten, die sich nach ihrer Wanderung aus ihrem weit entfernten Stammland am Lech angesiedelt hatten, verloren im Laufe der Zeit den räumlichen Kontakt zu ihrem Ursprungsgebiet. Ursächlich dafür war die Veränderung der Landschaft, zunächst die Entwicklung von der eiszeitlichen und nacheiszeitlichen Tundra mit vielen Zwischenstufen zum Waldland, später der Wechsel vom Urwald zum Kulturland. Großräumige Verbreitungskarten zeigen, dass diese Arten heute wie auf kleinen, weithin isolierten Inseln leben. Einige Pflanzen gelten geradezu als „Lecharten", weil sie auf ganz Mitteleuropa gesehen hier ihren Verbreitungsschwerpunkt haben. Bekanntester Vertreter ist der **Klebrige Lein**, den es, von wenigen und kleinen Vorkommen im Alpenvorland abgesehen, nördlich der Alpen nur am Lech gibt. Als weltweit einzig gilt das Vorkommen des **Augsburger Steppengreiskraut**es auf der Heide des Flugplatzes Lagerlechfeld. Eine nur 3 Millimeter kleine Wanze, die Netzwanze **Lasiacantha hermani**, um ein Beispiel aus der Tierwelt zu nennen, ist in Mitteleuropa nur auf der Königsbrunner Heide nachgewiesen. Ihr nächstes bekanntes Vorkommen liegt Hunderte von Kilometern entfernt in Ungarn.

Auch wenn solche „Reliktarten" hier seit Jahrtausenden leben, ist ihr Fortbestand mehr als ungewiss. Zu sehr sind sie bei Fehlen aller Ausweichmöglichkeiten auf ihren kleinen Lebensraum angewiesen. Oft führt schon eine für Menschen kaum wahrnehmbare Änderung in Bewuchs, Wasserhaushalt oder Mikroklima zum Erlöschen der Art. Prominentestes Beispiel aus jüngster Zeit ist der Verlust der Großen Höckerschrecke, deren letztes

Der Klebrige Lein gilt als typische „Lechpflanze", da er nördlich der Alpen nahezu ausschließlich im Lechtal vorkommt.

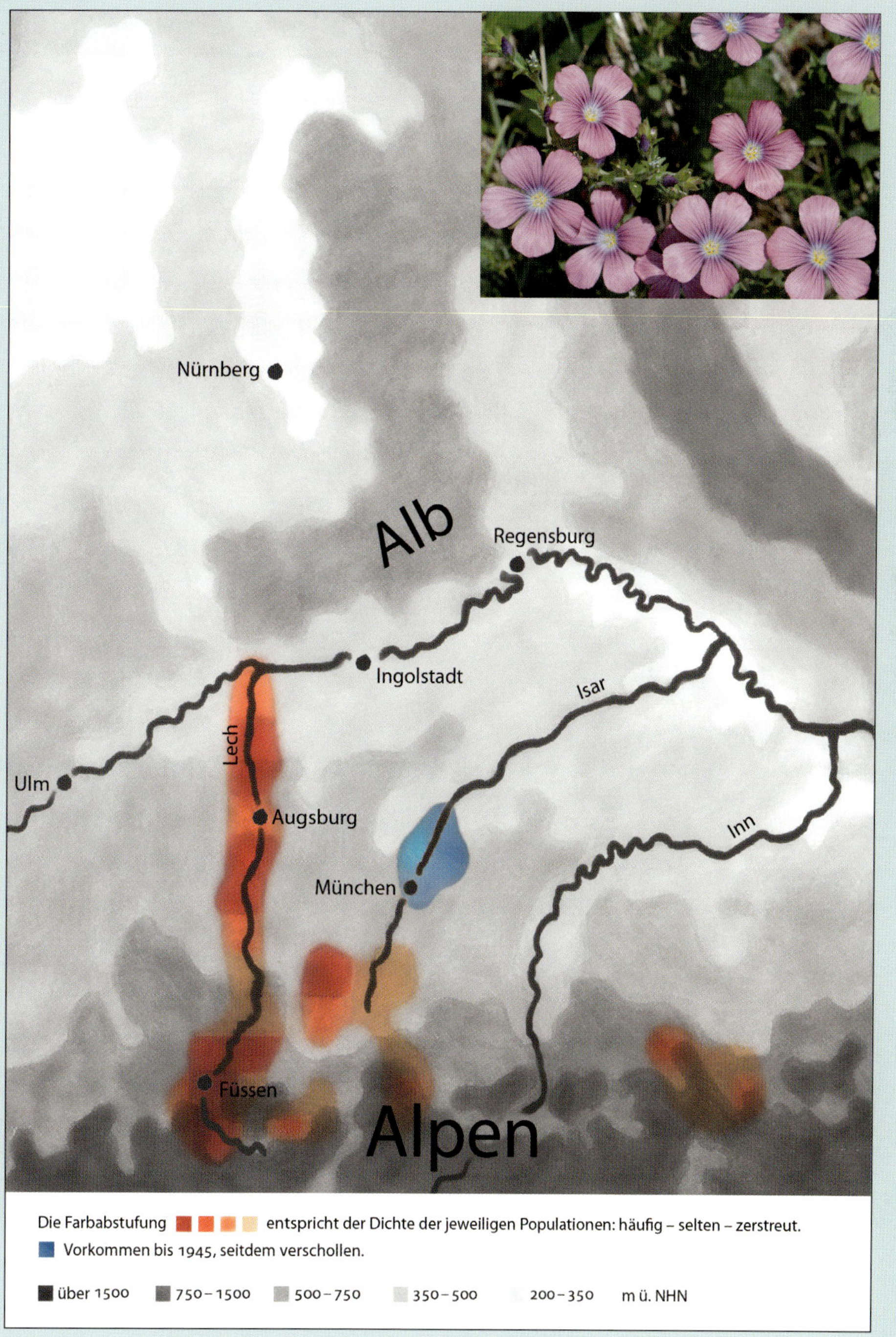

Vorkommen in ganz Bayern vor wenigen Jahren auf der Schießplatz-Heide bei Augsburg erlosch.

Natürlich bietet Isolation auch eine Chance. Charles Darwin hatte schon erkannt, dass unter günstigen Bedingungen Isolierung zur Bildung neuer Arten führen kann. Die Ausbildung zu einer eigenen Sippe, d. h. zu einer lokal begrenzten Varietät, zeigt die Pyramiden-Spitzorchis, die auf Heiden des Unteren Lechtales bayernweit am dichtesten wächst. Sie blüht hier so dunkel wie nirgendwo sonst, weshalb Experten sie bereits als Unterart führen. Allerdings zeigt die Erfahrung, dass bei der durch die Flussverbauung bedingten Verarmung der Aue ein weiterer Verlust seltener Arten weit realistischer ist als die Hoffnung auf die Entstehung neuer Unter-Arten oder Arten.

Die Große Höckerschrecke hatte bis vor wenigen Jahren ihr letztes Vorkommen in Bayern auf einer Heide im Unteren Lechtal.

Die Pyramiden-Spitzorchis des Unteren Lechtales zeichnet sich durch eine besonders dunkle Blütenfarbe aus.

Das Augsburger Steppengreiskraut ist weltweit nur im Unteren Lechtal nachgewiesen.

Von der Sibirischen Azurjungfer, der seltensten Schlanklibelle Europas, sind europaweit nur einige Flugstellen am Oberen Lech bekannt. Ihr nächstes Vorkommen liegt 5000 Kilometer entfernt in Asien.

Höchst gefährdet ist das sehr seltene Zwerg-Sonnenröschen. Weithin isoliert blühen nur noch wenige Exemplare auf einer Heide im Unteren Lechtal.

Das Bergkronwicken-Widderchen fliegt an sonnigen und blumenreichen Stellen des Oberen Lechtales. Auch bei dieser Art sind die nächsten Vorkommen weit entfernt.

5. Der Wildfluss als Naturraum

Unvergleichliche Biotop- und Artenvielfalt

Alte Karten, ja selbst alte fotografische Luftaufnahmen zeigen noch das Bild des unverbauten Lechs. Wie ein leicht gewundenes Band zieht sich der Wildfluss mit seinem hellen Schotterbett durch das Tal, wird in Talengen schmal und fächert sich auf weiter Talsohle auf.

Näher betrachtet besteht der Wildfluss aus einer Vielzahl von Wasserrinnen inmitten ausgedehnter Kies- und Sandbänke. Dazwischen liegen angeschwemmte Baumstämme samt ihrem Wurzelwerk.

Dabei gibt ein solches Bild nur die Momentaufnahme einer ständig im Wechsel begriffenen Flusslandschaft wieder. Dramatisch ändert sich die Flussaue zur

Zwischen Landsberg und Augsburg hatte der Lech eine der großartigsten Wildflusslandschaften Europas geschaffen: Wildflusslandschaft in Höhe des heutigen „Stadtwaldes Augsburg“; Luftaufnahme 1924.

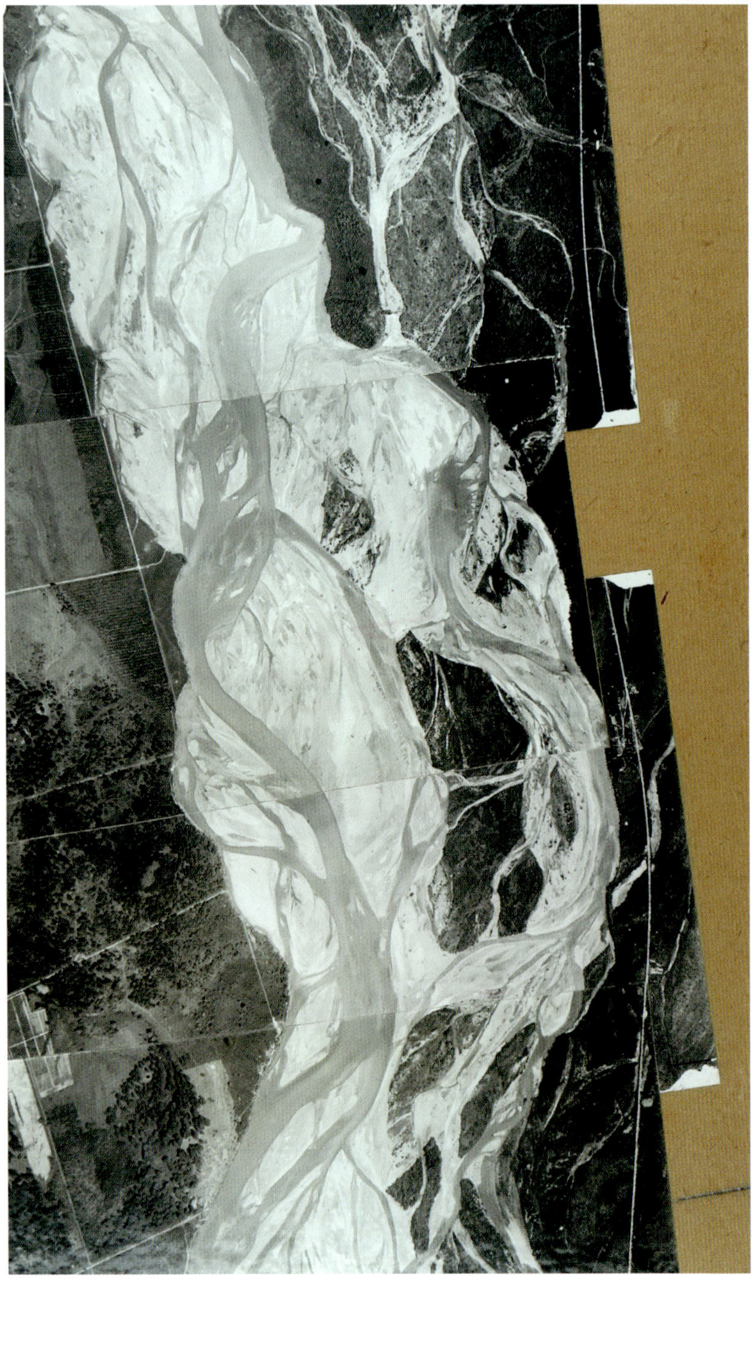

Zeit der Hochwasser. Aus leicht zu durchwatenden Wasserrinnen werden dann binnen kurzem reißende Wassermassen, die sich als trübe Fluten durch das Flussbett wälzen. Sie überschwemmen große Teile der Aue und reißen alles mit, was sich ihnen in den Weg stellt. Nach jedem Hochwasser taucht aus den Fluten eine neue Flusslandschaft mit vegetationslosen Kiesbänken, entwurzelten Bäumen, nicht selten sogar mit verändertem Flusslauf auf. In diesen „Umlagerungsstrecken" bleibt über kurz oder lang kein Stein auf dem anderen und ebenso kein Rinnsal und keine Kiesbank länger bestehen. Nicht selten hinterlassen die Hochwasser bis weit in die Aue hinein ein Bild der Verwüstung.

Diese Dynamik des Wildflusses ist, so paradox es auch klingen mag, unabdingbare Voraussetzung für das Fortbestehen der Wildflussaue, in der sich unterschied-

Die Wildflusstrecke des Tiroler Lechs steht heute modellhaft für die einstige Wildflusslandschaft des Lechs.

lichste Biotope auf engem Raum zusammenfügen: Flussrinnen und Tümpel, Quellen und Bäche, Kies- und Sandbänke, Gras- und Buschregionen, Grauerlen- und Kiefernwälder, Kalkflachmoore und Heiden, dazu die vielfältigen Übergangsbereiche von einem Areal zum anderen.[1]
Kleinräumig wechseln in der Wildflussaue auch die Temperaturverhältnisse. Das klare Flusswasser bleibt selbst im Sommer kühl, wenn sich die flachen Alt- und Stillwässer schnell erwärmen. Kühl bleibt es auch an sonnigen Tagen in feuchten und schattigen Mulden. Auf windgeschützten Blößen im lichten Kiefernwald schmilzt dagegen nicht selten in der Wintersonne der Schnee, wenn anderswo noch Dauerfrost herrscht. Im Sommer staut sich in diesen „Brennen" die Hitze, sodass die Kraut- und Grasvegetation nicht selten in wenigen Tagen welkt und verdorrt. Besonders extrem sind die Temperaturen auf den offenen Kies- und Sandbänken. Diese weitgehend vegetationslosen Bereiche sind im Sommer schutzlos der Sonne und im Winter wiederum schutzlos der Kälte ausgesetzt. Klimatisch gleichen sie damit kleinen Steppengebieten.
Dank des differenzierten Mikroklimas einzelner Bereiche fanden in der Wild-

1 Diese Biotopvielfalt lässt sich heute nur noch in Abschnitten des Tiroler Lechs erleben. Sie soll dort näher beschrieben werden (S. 129 ff.).

Dem Tiroler Lech kommt als letzter Wildflusslandschaft der Nordalpen naturschutzfachlich und wissenschaftlich höchster Wert zu.

Die Gefleckte Schnarrschrecke lebt in Mitteleuropa als „Wildfluss-Spezialist“ nur auf vegetationsarmen Kiesbänken und Uferstreifen alpiner Wildflüsse.

flussaue Arten aus den Alpen, dem Mittelmeerraum und den Steppen Osteuropas Lebensbedingungen, die weitgehend denen ihrer Herkunftsorte entsprechen. Einige Pflanzen und Tiere haben sich zudem im Laufe ihrer Entwicklung so eng an die rauen Umweltbedingungen der Flusslandschaft angepasst, dass sie als „Wildfluss-Spezialisten“ nur hier leben können.

Im Ganzen gesehen war die Wildflussaue des Lechs von den Alpen bis zur Mündung in die Donau ein Zentrum der Biodiversität, das europaweit seinesgleichen suchte. Das Artenspektrum reichte von riesigen Fischschwärmen, die zum Ablaichen aus der Donau kommend lechaufwärts zogen, bis zu Hirschrudeln, die im Winter aus den Alpen ins voralpine Lechtal wanderten, vom Birkhuhn in flussbegleitenden Niedermooren bis zur Schlingnatter und Kreuzotter im Gras- und Buschland, vom Flussuferläufer auf schütter bewachsenen Kiesbänken bis zur Kreuz- und Wechselkröte in flachen Stillwässern, von der Deutschen Tamariske im Überschwemmungsbereich bis zu einer Vielzahl von Orchideen auf den Heiden, von riesigen Ameisenvölkern auf trockenen kiesigen Terrassen bis zum Augsburger Bär, einem prachtvollen Nachtfalter in den Auwäldern. Die Aufzählung der in der Wildflussaue lebenden Arten würde allein in Tabellenform ein Buch füllen. Wenig ist von dem Reichtum der Lebensräume geblieben. Die später zu beschreibenden Reste zählen aber noch immer zu den wertvollsten Biotopen Mitteleuropas.

Der Artenreichtum der Fischfauna

Allein die etwa 22 Fischarten[1] des unverbauten Lechs weisen auf die einstige Vielfalt der Gewässer des Wildflusses hin – vom schnell strömenden Wasser in Flussrinnen bis zum Stillwasser in kleinen Tümpeln. Dabei war die Fischfauna des Flusses, wie Cornelia Oelwein im Buch *Die Geschichte der Fischerei in Schwaben* anschaulich beschreibt, ab Augsburg geteilt. Flussaufwärts war der Lech für die Fischerei wenig ertragreich. In dem kühlen und schnell strömenden Wasser lebten zudem weniger Arten, von denen die Äsche und die Bachforelle die bekanntesten sind. Diese zwei Arten sind noch heute in Tirol „Leitfische“, die in der nach ihnen benannten „Bachforellen-“ oder „Äschen-Region“ des Oberen Lechs natürlich vorkommen. Zwischen Augsburg und der Mündung in die Donau war der Fischreichtum dagegen so groß, dass die Fischerei einen wichtigen Beitrag zur Ernährung der Bevölkerung stellte.[2] Hier, wo der Lech gemächlicher wurde und von vielen Altwassern begleitet war, erwärmte sich das Wasser leichter und war zudem reich an organischen Nährstoffen. In kaum vorstellbarer Men-

1 Smija 1984, S. 52, 53.

2 Cornelia Oelwein hat in *Die Geschichte der Fischerei in Schwaben* den einstigen hohen wirtschaftlichen Wert dieses Fischreichtums und die daraus folgenden Regelungen der Nutzung und ebenso die fortwährenden Streitereien um die Fischrechte eingehend beschrieben.

Der Huchen, mit einer Länge von über einem Meter der größte Fisch des Lechs, zog einst in großer Zahl von der Donau kommend lechaufwärts.

ge zogen alljährlich von der Donau aus riesige Fischschwärme, vor allem Nasen, Barben und Huchen, zum Ablaichen lechaufwärts – ein Naturphänomen, das in vielen alten Berichten festgehalten ist. So berichtet Marx Welser der Jüngere im Jahre 1749: „Folgends im Herbst kam eine solche mänge Visch, und sonderlich der großen Barben in diese Statt gegen den Lechstrom unversehens geschwommen, daß allein unter der Barfüßer Kirchen und dem Schlachthauß darbey wol uber die hundert Gulden werth Visch gefangen worden, da jeder, wer nur gewölt, fischen mögen. Dann als man sie hauffenweiß so schwimmen gesehen, als bald die kleinen Bächlein, so in den Lech lauffen, gesperret und das Wasser auffgehalten worden: also daß derselben Strom ganz ausgetrocknet und auch die kleinen Jungen dieselben Visch fahen kundten."[1]

Bemerkenswert ist auch die einstige Vielzahl fischereiwirtschaftlich unbedeutender Arten, die wie Elritze, Laube, Schneider, Steinbeißer und Steingressling[2] sehr unterschiedliche Regionen im Fluss besiedelten.

Die heutige Fischfauna, die wesentlich durch Besatz bestimmt ist, entspricht weitgehend nicht mehr den ursprünglichen Verhältnissen. (Siehe dazu auch S. 99/100 und S. 102.)

1 Oelwein 2005, S. 49.

2 Im Jahr 2009 entdeckten Experten im Unteren Lechtal einige Exemplare des seit über 100 Jahren in Bayern nicht mehr nachgewiesenen Steingresslings. Er hat sich hier als Relikt des einstigen Wildflusses bis heute erhalten.

Die Koppe hat sich perfekt ihrem Lebensraum auf dem kiesigen Flussgrund angepasst. Ihr Laich liegt vor Strömung und Fressfeinden gesichert unter Steinen. Der kleine Fisch schützt sich als schlechter Schwimmer vor Räubern durch seine Färbung. Auf kiesigem Grund ist er kaum zu entdecken.

Überleben in Fluss und Aue

Wildflüsse und Wildflussauen sind Paradebeispiele von Extrembiotopen. Auf Dauer können hier nur Arten überleben, die als „Wildflussspezialisten" besondere Anpassungs- und Überlebensstrategien entwickelt haben. Doch auch von ihnen werden immer wieder ganze Populationen durch Hochwasserereignisse vernichtet. Deshalb gehört zur Anpassung an die rauen Bedingungen der Wildflussaue auch eine hohe Reproduktionsrate, die große Verluste auszugleichen vermag. So legt zum Beispiel allein ein Weibchen der Nase 20 000 bis 100 000 Eier. Es klebt dabei seinen Laich auf die blanken Kieselsteine des Flussgrundes so fest, dass er von der Strömung nicht weggerissen werden kann. Das Huchenweibchen schützt seine zahlreichen Eier vor dem Abschwemmen,

Selbst wenn die Deutsche Tamariske überschüttet wird, kann sie dank ihrer enormen Regenerationskraft wieder treiben.

Der Blaugrüne Steinbrech, eine Pflanze aus dem Kalkschutt der Berge, schützt sich vor Austrocknung durch einen besonderen Blattaufbau.

Viele Spinnen der Sand- und Kiesbänke können über Wasser laufen und selbst größere Strecken passiv schwimmen.

An heißen Sommertagen läuft der Sandlaufkäfer über die Kiesel wie auf Stelzen.

indem es eine Grube im Kiesgrund des Flusses anlegt. Geschützt vor Strömung und Fressfeinden liegt auch der Laich der Koppe unter Steinen in einem „Nest“, das das Männchen gebaut hat.

Auch Pflanzen, die im Flussbett oder in der Uferregion wachsen, haben sich den reißenden Hochwassern angepasst. So sind die Deutsche Tamariske und einige kleinwüchsige Weiden durch ihr tief greifendes Wurzelwerk sehr fest im Boden des Flussbettes verankert. Ihre biegsamen Zweige bieten der Strömung kaum Widerstand und richten sich nach der Überflutung schnell wieder auf. Zudem können auch von Geröll überschüttete Pflanzen austreiben und sogar eine bis zu 20 cm hohe Kiesschicht durchwachsen.

Auch Kleintiere der Sand- und Kiesbänke müssen sich regelmäßig vor periodischen Überschwemmungen retten. Nahezu alle Laufkäfer sind gute Flieger, die selbst von der Wasseroberfläche starten können. Spinnen retten sich, indem sie schnell über das Wasser zum Ufer laufen. Nicht wenige Landbewohner überleben selbst längere Zeit unter Wasser, z. B. Laufkäfer durch Mitnehmen von Luft unter ihren Flügeldecken oder Ameisen in größeren Luftblasen unter überfluteten Steinen. Viele Tiere können zudem zumindest passiv schwimmen. So überleben Spinnen und Heuschrecken selbst einen längeren „Transport“ in Hochwasserfluten. Ameisen nutzen nicht selten treibendes Holz als Floß, auf dem sie sich dicht zusammendrängen.

Die Arten der Kies- und Sandbänke sind neben Hochwasserfluten auch extremen Temperaturschwankungen ausgesetzt. Wie vielfältig ihre entsprechenden Anpassungsmöglichkeiten sind, soll hier an wenigen Beispielen

Mit langen Trieben überwuchern das Kriechende Gipskraut (oben) und das Alpen-Leinkraut (unten) die frisch abgelagerten Gerölle. Diese Schwemmlinge aus dem Kalkschutt der Berge können ihre Bestände auch nach verheerenden Überflutungen schnell regenerieren.

aufgezeigt werden. Die Silberwurz, ein im Oberlauf des Lechs weit verbreiteter Zwergstrauch (Bild S. 45), schützt sich vor Austrocknung und hoher Sonnenbestrahlung durch niederen Wuchs, einen besonderen Blattaufbau und ein geschlossenes Blattwerk. Der auf nacktem kiesigem Grund siedelnde Blaugrüne Steinbrech besitzt als Verdunstungsschutz auf seinen Blattoberflächen eine dünne Kalkschicht. Die Gefleckte Schnarrschrecke und der Sandlaufkäfer laufen an sonnigen Sommertagen, ähnlich wie manche Wüstentiere, mit hochgereckten Beinen wie auf Stelzen über den heißen Boden.
„Pionierarten" werden treffend die Pflanzen- und Tierarten genannt, die nach jeder Flut aus nicht überschwemmten Auenbereichen neu entstandene Kies- und Sandbänke besiedeln. Binnen Kurzem bauen sie hier wieder größere Populationen auf.

6. Das Lechtal als Kulturraum

Im außeralpinen Lechtal sind seit der Mittleren Steinzeit alle vor- und frühgeschichtlichen Epochen mit bemerkenswerten Funden vertreten.[1] Die ersten Menschen im Lechtal, alt- und mittelsteinzeitliche Sammler und Jäger, fanden hier ideale Jagd- und Fischgründe. Als unstet durch die Landschaft streifende Horden hinterließen sie außer Steinwerkzeugen keine bleibenden Zeugnisse. Die ersten Bauern des Lechtales siedelten in der Jungsteinzeit außerhalb der Hochwasserzone, vor allem auf den risseiszeitlichen Hochterrassen am Unteren Lech. Auch spätere Niederlassungen entstanden über Jahrtausende nur in Bereichen, die von den Hochwasserfluten verschont blieben. Dies galt zunächst für

1 Wirth 1998, S. 30.

Die arktischen Tundren mit ihren Rentierherden vermitteln einen Eindruck von dem Landschaftsbild eiszeitlicher Jagdgebiete in Mitteleuropa.

einsame Weiler genauso wie für die aufstrebenden Städte.

Bis weit ins 19. Jahrhundert blieb deshalb die Wildflussaue weitgehend Naturland, durch das lediglich Holzfäller und Jäger sowie Wanderschäfer mit ihren Herden zogen. Zaghafte Versuche, den Fluss als Energielieferanten und Teile der Aue landwirtschaftlich zu nutzen, gab es wohl seit der Römerzeit. Damit war bereits früh ein Spannungsfeld zwischen Natur- und Siedlungsraum gegeben.

Die „wasserbaulichen Maßnahmen" des 19. und 20. Jahrhunderts wirkten sich auf den Natur- und Kulturraum des Flusstales so tiefgreifend aus, dass sie gesondert beschrieben werden sollen (siehe S. 87ff).

Auch die Siedlungsgeschichte des Oberen Lechtales, die erst im Mittelalter beginnt, erhält einen eigenen Abschnitt (S. 75ff.). Dabei weist die Besiedlung des Oberen Lechtales eine zwar historisch nicht vergleichbare, aber dennoch deutliche Parallele zur Siedlungsgeschichte des Unteren Lechtales auf. Frühe Siedler ließen sich auch hier nicht im Flusstal, sondern in hochwassersicheren Lagen nieder. Erst allmählich, nicht zuletzt durch den Druck einer wachsenden Bevölkerung, wurde auch die Talsohle besiedelt. Damit waren auch die Bewohner des alpinen Talabschnittes gezwungen, sich vor den Hochwasserfluten des Wildflusses zu schützen. Allerdings erfolgte im Oberen Lechtal die Verbauung des Lechs nicht so rigoros wie im bayerischen Flussabschnitt.

Zur Siedlungsgeschichte des außeralpinen Lechs

Steinzeitliche Jagdgebiete im Lechtal

Die Tundren am Alpenrand müssen bereits unmittelbar nach dem Rückzug des Eises besonders wildreich gewesen sein. Dafür sprechen Werkzeugfunde vom

Die Gegend um den heutigen Forggensee war in der Mittleren Steinzeit ein bevorzugter Jagd- und Rastplatz. Die dicht gestreuten Fundorte steinzeitlicher Werkzeuge lassen darauf schließen, dass die damaligen Wälder sehr wildreich waren.

In Pestenacker unweit von Landsberg brachten Grabungen ein ganzes jungsteinzeitliches Dorf aus dem 4. Jahrtausend ans Tageslicht: Rekonstruiertes jungsteinzeitliches „Gehöft".

Viele jungsteinzeitliche Werkzeuge weisen auf den Anbau von Getreide hin: ein Stößel, zwei Reibsteine und eine Getreidemahlsteinplatte aus Pestenacker, 4. Jahrtausend v. Chr. (Neues Stadtmuseum Landsberg am Lech).

Weißenseeberg am Weißensee, die arktische Großwildjäger hinterlassen haben. Vor circa 11500 Jahren durchstreiften sie in der relativ warmen Periode des Alleröd-Interstadial die Region, um Rentiere und Wildpferde zu erlegen.

In der Gegend des Bannwaldsees, des Hopfensees und des heutigen Forggensees liegen dicht gedrängt wie nirgendwo sonst im gesamten Alpenvorland Fundorte von Werkzeugen aus der Mittelsteinzeit (8000 bis 5500 Jahre v. Chr.). Die Urwälder dieser Gegend, die längst die baumlosen Tundren abgelöst hatten, waren dank reicher Bestände von Reh, Rothirsch, Wildschwein, Biber und Vögeln ein ideales Jagdgebiet. Dazu kam als weiterer günstiger Faktor die Vielzahl fischreicher Gewässer, zu denen neben dem Lech zahlreiche Bäche und Seen zählten.

Erster Ackerbau und erste Weide

Die ersten Bauern des Lechtals siedelten sich in der Jungsteinzeit (5500 bis 2300 v. Chr.) im Unteren Lechtal an. Auch wenn diese Niederlassungen zunächst nur ein äußerer Vorposten der frühbäuerlichen Kultur des Donauraums waren, gilt die Hochterrasse zwischen Augsburg und Königsbrunn als eine zu allen Zeiten des Neolithikums besiedelte „Insel".[1] Die Bedingungen waren hier für die frühen Siedler besonders günstig. Die lössbedeckte Hochterrasse bot fruchtbare Böden. An den Hangkanten zur Niederterrasse lieferten Quellen und Quellbäche frisches Wasser. In der Aue lebte jagdbares Wild. Lech, Wertach und Singold waren zudem überaus fischreich. In die Aue selbst werden die frühen Siedler abgesehen vom Jagen und Holzfällen vor allem mit ihrem Weidevieh eingedrungen sein. Die Weideflächen jener Zeit waren, so glaubt man heute, vor allem Grasflächen in lichten Wäldern, wie sie in der Lechaue von Natur aus vorhanden waren. Es liegt nahe, dass durch diese Waldbeweidung schon damals die lichten Kiefernwälder, aus denen schließlich die Lechheiden hervorgingen, allmählich lückiger wurden.

Früher Wohlstand

Archäologische Prunkstücke aus frühbronzezeitlichen Gräbern der Haunstetter Niederterrasse wie Dolche, Nadeln, Armringe und Schmuckstücke zeigen, dass der kulturelle Fortschritt von der Donau aus sehr schnell im Lechtal angekommen war. Prächtig sind auch die Beigaben zahlreicher Brandgräber der späten

1 Meixner 2008, S. 57.

Bronzezeit aus dem Großraum Augsburg. Zahlreiche Metallgegenstände, aufwändig verzierte Keramikgefäße, dazu Perlen aus Glas und Bernstein, vereinzelt sogar Goldschmuck bezeugen den Wohlstand und ebenso die weiträumigen Handelsverbindungen der damaligen Bewohner des Unteren Lechtales.

Besonders prunkvoll sind die Funde aus der Hallstattzeit (Frühere Eisenzeit), wo den Fürsten auf dem Weg ins Jenseits neben einem reichen Waffenarsenal auch vierrädrige Wagen mitgegeben wurden. Garant für den damaligen Wohlstand war neben den erwähnten fruchtbaren Lössböden und den zahlreichen Quellen nicht zuletzt auch der offene Korridor des Lechtales. Die überaus wertvollen Grabbeilagen legen die Vermutung nahe, dass der Reichtum der damaligen Bewohner auch auf einer „Kontrolle“ der Wegeverbindung zwischen Donau und Alpenraum beruhte. Von befestigten Siedlungen am Rand des tertiären Hügellandes aus scheinen sie bereits das Tal überwacht zu haben.[1]

Die Kraft des Wildflusses konnten die Menschen dieser Jahrtausende freilich noch nicht nutzen. Auch sie haben, von

1 Wirth 1998, S. 31.

Neben prunkvollen Waffen und kostbaren Schmuckstücken zeugen auch reichverzierte Feinkeramikprodukte vom frühen Wohlstand: Feinkeramik aus der Bronzezeit, 17. Jh. v. Chr., Fund vom Landsberger Schlossberg; Krug mit Deckel aus der Hallstattzeit, Mitte 8. bis Ende 6. Jh. v. Chr., Westerholz (Neues Stadtmuseum Landsberg am Lech).

Der „Schafhalterstein“ aus dem 2. Jh. n. Chr. aus Epfach weist auf eine Schafhaltung im Lechtal zur Römerzeit hin. Die Jahrtausende währende Beweidung der Aue hat wesentlich das Landschaftsbild der Aue geprägt (Kopie an der Außenmauer des Römermuseums in Epfach; Original im Römischen Museum Augsburg).

Jagd, Fischfang und Beweidung flussnaher Wälder abgesehen, ganz sicher nicht in Reichweite des Lechs gelebt.

Vom Wechsel der Völker

In der jüngeren Eisenzeit (450–240 v. Chr.), vielleicht auch schon in der vorangehenden Hallstattkultur (800–450 v. Chr.), hatte sich erstmals die Kultur eines Volkes, nämlich der Kelten, herausgebildet. Dies bestätigen auch Funde aus dem Unteren Lechtal. Als die Römer seit dem Jahr 15 v. Chr. den Voralpenraum bis zur Donau eroberten, war die Region um das heutige Augsburg längst eine blühende Siedlungskammer und ein bedeutendes Kernland der einheimischen Bevölkerung.[1]

Entscheidend änderte sich jedoch die Siedlungsgeschichte unter den Römern, die in ihre Provinz Rätia eine hoch entwickelte mediterrane Kultur mitbrachten. Sie errichteten auf dem Hochterrassensporn zwischen Lech und Wertach ein Lager, das im Jahr 122 n. Chr., zur Zeit einer besonderen wirtschaftlichen Blüte, zusammen mit seinem umgebenden Siedlungskonglomerat als *Aelium Augusta Vindelicum* römisches Stadtrecht erlangte. Erstmals entstanden jetzt im Lechtal größere Bauten und Siedlungen aus Stein, stabile Brücken, ländliche Gutshöfe und auch erste Wassermühlen. Ziegeleien und Schmieden entwickelten einen wachsenden Holzbedarf, der von den Römern wegen des einfachen Transportes über den Lech wohl zuallererst aus Auwäldern gedeckt wurde.

Die Zeit des Übergangs von der Spätantike zum frühen Mittelalter liegt im Lechtal noch immer weitgehend im Dunkeln. Fest steht, dass nach dem Zusammenbruch des weströmischen Reichs im Jahr 476 n. Chr. der Weg für eine bis ins frühe 8. Jahrhundert währende Landnahme

1 Wirth 1998, S. 29.

Die Lechtalheiden sind Jahrtausende altes Kulturland. Sie entstanden überwiegend aus lichten Kiefernwäldern, die durch Holznutzung und Beweidung zurückgedrängt wurden. Die Kuhheide im „Stadtwald Augsburg" vermittelt noch modellhaft die Verbindung von Wald und Heide.

durch einwandernde Germanen frei wurde. Die archäologischen Forschungsergebnisse widersprechen allerdings der früheren Meinung, dass verschiedene Stämme im Sinne einer Völkerwanderung streng getrennt das Land diesseits und jenseits des Lechs eingenommen hätten. Vielmehr ist von einer Einwanderung durch einzelne Familienverbände, vor allem Alamannen und Bevölkerungsgruppen aus dem mitteldeutsch-böhmischen Raum, auszugehen. Für die Wahl ihrer Niederlassung waren die alten Verkehrsverbindungen, wichtige Flussfurten, fruchtbare und möglichst hochwassergeschützte Ackerböden sowie eine ausreichende Trinkwasserversorgung entscheidend.

Die südlichsten Ausläufer der frühmittelalterlichen Siedlungsphase reichten am Lech zunächst bis nach Epfach. Um die Mitte des 6. Jahrhunderts waren bereits alle größeren Tallandschaften bis weit ins Allgäuer Jungmoränengebiet zumindest punktuell erschlossen. Bis zum Ende des 6. Jahrhunderts hatte sich die Besiedlung, wie Funde aus Schwangau und dem Füssener Becken zeigen, bis zum Alpenrand ausgedehnt. Die Besiedlung der östlichen Seite des Unteren Lechtales erfolgte dagegen erst vom 7. Jahrhundert an, und zwar von der linken Lechseite aus. Wahrscheinlich war für die späte Besiedlung der Ostseite des Tales die ausgedehnte Moorlandschaft zwischen Augsburg und der Mündung des Lechs in die Donau verantwortlich.

Im 6. Jahrhundert kam es zu einer politischen Neuordnung der Region durch die Eingliederung des Alpenvorlandes in das Merowingerreich. Damals scheint der Lech bereits zunehmend als politische Grenze zwischen zwei Herzogtümern, dem östlich gelegenen bairischen Herzogtum und dem westlich gelegenen Herzogtum Alamannien, gedient zu ha-

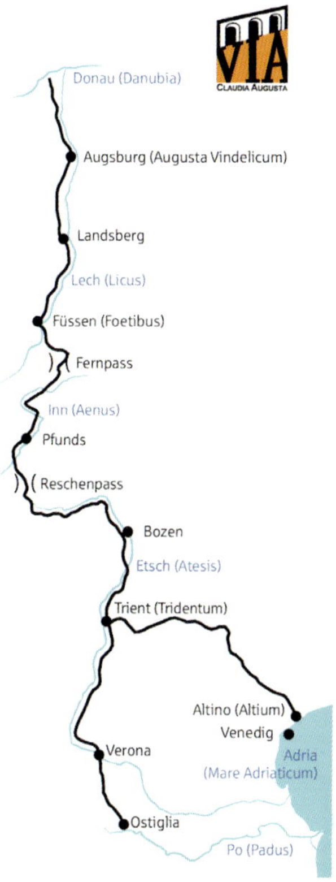

Die Via Claudia führte vom Kastell Submuntorium (nahe Mertingen) über Augsburg und Füssen nach Italien.

Die Lorenzkapelle auf dem Lorenzberg inmitten einer Lechschleife bei Epfach steht auf geschichtsträchtigem Boden. Hier errichteten die Römer ungefähr um 15. v. Chr. einen Militärposten, der den wichtigen Verkehrsknotenpunkt der Römerstraßen Füssen-Augsburg und Kempten-Gauting sichern sollte. Später stand hier einer der frühesten christlichen Sakralräume nördlich der Alpen.

Im Forggensee kommt bei niederem Wasserstand ein Teilstück der Via Claudia zum Vorschein.

Eiserner Pfahlschuh eines Holzbrückenpfeilers bei Epfach (Neues Stadtmuseum Landsberg am Lech)

Reste römischer Holzbrückenpfeiler im Lech bei Epfach (Foto: 1954)

ben. Die früher gebräuchliche These vom Lech als Stammesgrenze zwischen Alamannen und Bajuwaren ist daher heute nicht länger aufrecht zu erhalten. Vielmehr spricht alles dafür, dass die viel zitierte „Lechgrenze" von Anfang an keine ethnische, sondern eine politische Grenze war.[1]

Es ist naheliegend, dass sich das Landschaftsbild des Lechtales mit der dichter werdenden Besiedlung allmählich veränderte. Der zunehmende Ackerbau drängte auf fruchtbaren Böden den Wald immer mehr zurück. Auch auf dem Schotterfeld der Niederterrasse wichen wohl damals schon die schütteren Kiefernwälder immer mehr einem ausgedehnten Weideland, den Lechtalheiden.

Erste Straßen und Brücken

Lange vor der römischen Herrschaft gab es im Lechtal einfache Wegverbindungen, Furten und sicher auch einzelne Stege über Auenbäche. Überdauernde und bis heute in der Landschaft erkennbare Veränderungen im Lechtal sind die römischen Straßen. Die 517 Kilometer lange *Via Claudia Augusta*, die wichtigste Verbindung nach Norditalien, führte durchs Lechtal. Ein wichtiger Verkehrsknotenpunkt am Lech war die römische Festung *Abodiacum*, das heutige Epfach. Hier sicherte ein römisches Lager die Lechbrücke, über die eine vom Bodensee in Richtung Salzburg verlaufende Straße führte. Diese römischen Straßen blieben auch nach dem Zusammenbruch des römischen Imperiums wesentliche Verkehrsachsen im Lechtal. Sie waren zudem eine wichtige Voraussetzung für die Errichtung neuer Siedlungen.

Heereszüge, Schlachtenplatz und Gefangenenlager

Auch nach der Herrschaft der Römer zo-

1 König 2001, S. 45 ff.

Die Schlacht auf dem Lechfeld im Jahr 955 war in der Barockzeit ein beliebtes Thema kirchlicher Deckengemälde. Im Chor der St. Ulrichskirche in Seeg reitet der heilige Ulrich unbewaffnet neben Kaiser Otto I. über das Schlachtfeld (Balth. Riepp, 1743).

Am Lech bei Rain standen sich 1632 das schwedische und bayerische Heer gegenüber. Die „Schlacht bei Rain am Lech" war für den weiteren Verlauf des 30-jährigen Krieges entscheidend (Unbekannter Künstler, undatiert).

gen große Heere, jetzt unter den deutschen Königen und Kaisern, auf der Via Claudia entlang des Lechs nach Italien. Geeigneter Rastplatz vor dem Übergang über die Alpen war das Lechfeld, die Ebene zu beiden Seiten des Flusses zwischen Landsberg und Augsburg. Der kiesige Grund bot trockenen, festen Boden, Quellbäche lieferten reichlich Trinkwasser, auf der Niederterrasse fanden die Tiere einen guten Weidegrund. Die Nutzung als Lagerplatz für große Heere vom frühen bis zum hohen Mittelalter spricht dafür, dass bereits damals weite Bereiche des Lechfeldes waldfrei waren.

Ab dem 12. Jahrhundert ist in der Aue zwischen Mering und Kissing ein großer Hügel, wahrscheinlich ein Grabhügel, als Gunzenlee benannt. Dieser Gunzenlee war über Jahrhunderte Zentrum von Heeresversammlungen, hohen Festen, Hoftagen und zudem Gerichtsort. Letztmals wird der Gunzenlee 1430 erwähnt, bevor er von einem der schlimmsten Hochwasser des Lechs in den Jahren 1432 und 1433 weggerissen wurde. Geschichtsträchtig ist die Ebene südlich von Augsburg vor allem als Schauplatz zahlreicher kriegerischer Auseinandersetzungen, vor allem aber als Austragungsort entscheidender Schlachten während der Ungarnkriege. Im Jahr 910 hatten hier die ungarischen Reiterscharen ein fränkisches Heer unter Ludwig dem Kind besiegt. Bei einem erneuten Einfall erlitten sie aber 955 in der „Schlacht auf dem Lechfeld" eine entscheidende Niederlage. Der Sieg des Salierkaisers Otto I. über die Ungarn gilt als Markstein einer Zeitenwende im mittelalterlichen Europa. Die historischen Quellen über den Ablauf der Schlacht sind heute von vielen Legenden überdeckt. Selbst die Frage nach dem genauen Ort der Schlacht ist nicht eindeutig geklärt.

Eine Schlacht, die für den Verlauf des 30-jährigen Krieges bestimmend sein sollte, fand am 14./15. April 1632 bei Rain am Lech statt. Durch den Fluss getrennt, lagen sich hier das schwedische und bayerische Heer gegenüber. Nach zweitägigem Dauerfeuer, bei dem der bayerische Heerführer Tilly tödlich verletzt wurde, konnte König Gustav Adolf von Schweden den Lech durch eine Furt und über drei eilig geschlagene Behelfsbrücken überqueren.[1]

Das Lechfeld wurde ab dem 19. Jahrhundert wieder militärisch, ab 1912 auch als Flugplatz genutzt. Im deutsch-französischen Krieg von 1870 entstand auf dem Lechfeld ein Gefangenlager für 9 000 und im 1. Weltkrieg für 20 000 Kriegsgefangene. Ein Kapitel tiefster Schande ist die Geschichte des Lechfeldes im „Dritten Reich". Im Lager „Kommando Kaufering", einem Außenlager des KZ Dachau, gab es zwar keine Gaskammern und Krematorien. Doch wurden die Häftlinge, vorwiegend Juden aus verschiedenen Ländern Europas, durch menschenverachtende

1 Friedrich Schiller lässt in seinem Werk „Geschichte des dreißigjährigen Kriegs" den Schwedenkönig seinen vor dem Lech zaudernden Kriegern zurufen: *„Wie? Über die Ostsee, über so viele große Ströme Deutschlands hätten wir gesetzt, und vor einem Bache, vor diesem Lech hier, sollten wir ein Unternehmen aufgeben?"*

Arbeits- und Lebensbedingungen im Rüstungsprojekt „Ringeltaube“ systematisch zu Tausenden vernichtet. Heute ist auf dem „Fliegerhorst Lechfeld“ ein Jagdbombergeschwader der Bundeswehr stationiert.

Aufstrebende Städte

Wie sehr die Lage alter Siedlungen vom Wildfluss bestimmt wurde, wird aus Abbildungen der im Mittelalter aufstrebenden Städte – Augsburg, Landsberg, Schongau und Füssen – deutlich.

Wichtigste Voraussetzung für die Gründung war die Sicherheit vor Hochwassern bei gleichzeitiger Nähe zum Fluss. Beides war für die Stadtentwicklung entscheidend. Der Fluss lieferte den Städten über ausgeklügelte Systeme Brauchwasser und Energie. Zudem war er neben der durchs Lechtal führenden Via Claudia eine wichtige Verbindung für den Fernhandel. Unzählige Flöße transportierten bis ins 19. Jahrhundert Menschen, Vieh und Waren zur Donau und weiter bis nach Wien.

Die Stadt Füssen verdankt ihren Aufschwung nicht zuletzt der Lage am Lech: kolorierte Zeichnung um 1729.

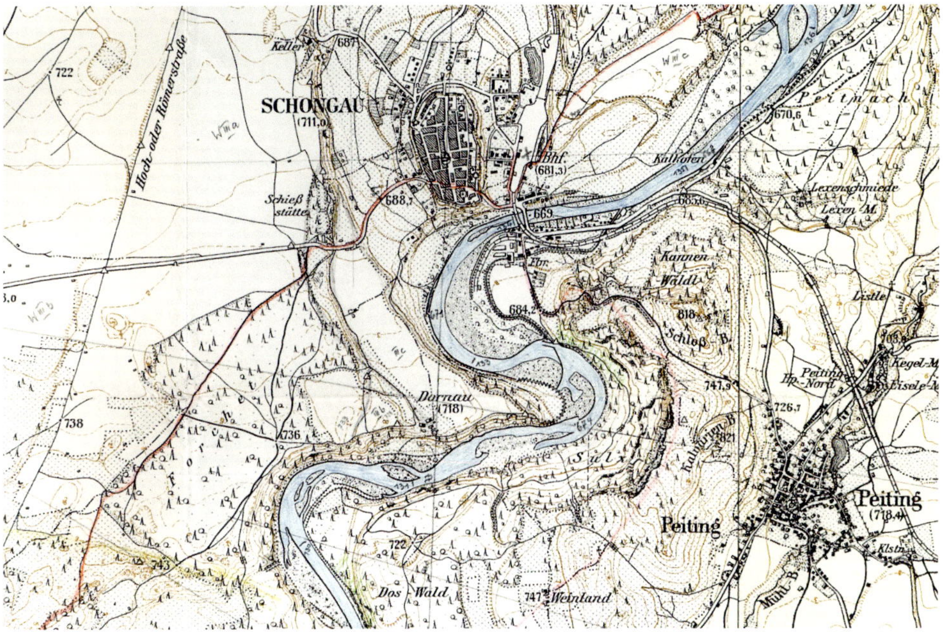

Das „neue Schongau“ liegt in der Nähe der alten Handelswege und gleichzeitig nahe am Lech: Kartenausschnitt von 1893.

Die Stadt **Füssen** leitet ihre Gründung auf eine im vierten Jahrhundert n. Chr. errichtete spätrömische Befestigung namens Foetibus zurück. Der heutige Schlossberg nahe dem Lechaustritt aus den Alpen sicherte die militärische Kontrolle der Via Claudia. Nicht zuletzt seiner Lage an dieser einstigen Römerstraße verdankte Füssen noch um 1500 seine wirtschaftliche Blüte. Zudem war der Lech, dessen Ufer im Stadtbereich bereits im 16. Jahrhundert alte Mühlen und Hammerschmieden säumten, konstituierend für das Gewerbe. Pläne, besonders aus dem 18. Jahrhundert, illustrieren sehr anschaulich die zeitgenössischen technischen Bemühungen um eine ergiebige Nutzung der Wasserkraft des Lechs bei gleichzeitiger Abwehr der Hochwasserfluten. Wie wichtig die Flößerei für Füssen war, wird aus alten Abbildungen erkenn-

Die Gründung der Stadt Landsberg ist eng mit dem Bau einer Lechbrücke durch Heinrich den Löwen verbunden: kolorierte Federzeichnung um 1580.

Die Lage am Lech war für den Aufschwung und den Glanz Augsburgs entscheidend: Stadtansicht mit Lech, spätes 18. Jh.

bar. Nahezu jede Darstellung der Stadt von jenseits des Lechs zwischen dem 16. und dem 19. Jahrhundert zeigt ein oder mehrere Flöße im Fluss. Schließlich war die überregional bedeutende Industrialisierung Füssens im 19. Jahrhundert allein der Wasserkraft des Lechs zu verdanken.

Das Städtchen **Schongau** ist aus dem heutigen Altenstadt entstanden. Diese ältere Siedlung, die am Schnittpunkt der Via Claudia mit der alten Salzstraße von Kempten nach Salzburg lag, hatte wegen der Konkurrenz der Lechflößerei mehr und mehr an Bedeutung verloren. Im 13. Jahrhundert zog der Großteil der Bewohner auf den „Lechumlaufberg" und nahm den alten Ortsnamen „Schongau" mit. Das neue Schongau konnte die vorteilhaftere Lage in der Nähe der alten Straßen und gleichzeitig am Lech nutzen und wurde bis ins 18. Jahrhundert hinein ein wichtiger Stapel- und Lagerplatz.

Landsberg, die größte Stadt und das Zentrum des Lechrains, verdankt ihren frühen Aufschwung Heinrich dem Löwen. Dieser hatte 1158 die von Ost nach West führende Salzstraße südwärts verlegt und baute auf der Höhe des heutigen Landsberg beim Ort Phetine eine Brücke, die er 1160 durch eine Burg auf dem Schloßberg sicherte. Die alte Siedlung Landsberg, die weitgehend hochwassergeschützt zwischen dem Schlossberg und einer Schleife des Lechs lag, profitierte vom Fernhandel, insbesondere vom Salzhandel. Zudem ermöglichte das Karolinenwehr, einer der ältesten großen Flussbauten des Lechs, die frühe Errichtung von Mühlen und die Versorgung der Stadt mit Brauchwasser.

Auch der glänzende Aufstieg **Augsburgs** vom römischen *Augusta Vindelicum* zur wohlhabenden Reichsstadt des Mittelalters, zum Kulturzentrum der Renaissance und zu einer Metropole in der Zeit der frühen Industrialisierung ist eng mit seiner Lage am Lech und den hier sich

Bis heute ist der Lechrain überwiegend Bauernland.

kreuzenden Fernhandelsrouten verbunden. Die Geschichte dieser Stadt demonstriert musterhaft die Bedeutung eines Flusses für eine Stadtentwicklung. Sie in allen Einzelheiten darzustellen, würde den Rahmen dieses Buches sprengen. Festzuhalten ist aber, dass der Lech schon sehr früh über ein ausgeklügeltes Kanalsystem Brauchwasser und Energie direkt in die Stadt lieferte. Hinzu kam das letztlich vom Lech gespeiste und nahezu unerschöpfliche Grundwasserreservoir vor den Toren der Stadt, das reines Quellwasser in Überfülle bot. Schließlich ist ohne die Wasserkraft des Flusses die Augsburger Industrie vor der Erfindung der Dampfmaschine nicht denkbar.[1]

1 Der bereits erwähnte W. H. Riehl schreibt 1859 dazu: „Aber nicht nur Trinkwasser ergoß sich aus jenen Quellen und Bächen nach Augsburg; im Verein mit den Lech- und Wertachkanälen treiben sie ein vielverzweigtes Aderngeflecht des mächtigen Gefälles durch die Stadt und deren Bann und geben ihr seit Jahrhunderten den Beruf zum Großgewerbe. ... Im ganzen oberen Donauland findet sich ein gleich günstiger Punkt nicht wieder."

Der Lechrain und der Lech als Sprachgrenze

Der Lechrain, ein etwa 15 bis 20 Kilometer breiter Streifen entlang des Lechs von Füssen bis zur Donau, ist ein bis auf die Karolingerzeit zurückreichendes Grenzland zwischen Bayern und Schwaben. Sein Hauptteil liegt auf der östlichen, d. h. bayerischen Seite und hier wiederum im mittleren Lechrain im Landkreis Landsberg. Die Übergänge zu den benachbarten Gebieten sind fließend.

Überaus vielgestaltig ist das Landschaftsbild. Neben dem Talraum und der Lechleite umfasst es im Süden Teile des voralpinen Hügel- und Moorlandes, im mittleren Teil auf der Ostseite markante Moränehügel aus der Risseiszeit und schließlich im Norden noch Teile des Lech-Donau-Winkels. Die Städte Landsberg und Friedberg nutzten die Lage an der steilen Lechleite zur strategischen Sicherung. Gleichzeitig ließ sich von der erhöhten Warte aus das Tal kontrollieren. Die gut erhaltenen historischen Stadtkerne künden ebenso wie die berühmten Klöster St. Ottilien und Dießen und die Vielzahl der reizvollen Dorfkirchen von einer kulturell überaus reichen Vergangenheit. Im Ganzen gesehen ist der Lechrain auch heute noch ein Bauernland mit stattlichen Höfen, Viehweiden und Feldern geblieben.

Der Name „Lechrain", der auf die Grenzregion hinweist[1], wird erstmals im 16. Jahrhundert von dem bayerischen Geschichtsschreiber Aventin für den östlich vom Lech gelegenen Teil überliefert. Nach einer sehr wechselvollen Geschichte verlor die Region in den Jahren 1803 bis 1806 mit der Eingliederung Ostschwabens und Augsburgs ins Königreich Bayern ihre Funktion als politische Grenze. Trotzdem lebt im Bewusstsein der ansässigen Bevölkerung die historisch und kulturell geprägte Eigenart ihres Raumes weiter, wenn auch bei weitem nicht mehr so ausgeprägt wie in früheren Jahrhunderten.

Zu den Besonderheiten des Lechrains zählen seine Dialekte. Während der Lech zwischen Augsburg/Friedberg und der Donau eine im deutschen Sprachgebiet fast einzigartige Schärfe als Sprachgrenze aufweist, liegt südlich von Friedberg ein breites Übergangsgebiet.[2] Hier haben sich besondere Dialektformen, die die Sprachwissenschaftler als „lechrainisch" zusammenfassen, herausgebildet und bis heute erhalten. Südlich von Schongau verliert dann der Lech seine Funktion als Sprachgrenze.

1 Rain steht für Grenze bzw. Rand.
2 König 2001, S. 48/49. König &. Renn 2007, S. 26.

Der Name des 1314 Meter hoch gelegenen Ortes Bschlabs geht wahrscheinlich auf eine räto-romanische Alm zurück.

Die Jahrhunderte währende Beweidung der Matten hat selbst über der Baumgrenze die Zusammensetzung der Vegetation wesentlich geprägt. Profitiert haben die „Weideunkräuter", also Pflanzen, die wie die Bewimperte Alpenrose fürs Vieh ungenießbar sind: Bergmatte bei Gramais.

Wo die frühen Siedler den Wald zu Gunsten von Mähdern zurückgedrängt hatten, bedrohten immer wieder Lawinen die Siedlungen im Tal: Lawinenstrich am Pimig.

Zur Siedlungsgeschichte des Oberen Lechtales

Die Siedlungsgeschichte des Oberen Lechtales beginnt wegen des rauen Klimas und der abgeschiedenen Lage erst viel später als die des außeralpinen Lechtales. Abgesehen von vereinzelten bronzezeitlichen Funden sind vorgeschichtliche Spuren im Oberen Lechtal, ja selbst Funde aus der Römerzeit, wo die Via Claudia über den Fernpass führte, kaum vorhanden. Erst im Mittelalter gewinnt die Geschichte des Lechtales klarere Züge.

Das Ausserfern

In einer Urkunde von 1296 wird der Gerichtsbezirk Reutte, der ab der Mitte des 13. Jahrhunderts zu der Grafschaft Oberinntal gehörte, als „Judicium extra Verren" (= Gericht außer dem Fern(pass)) erwähnt. Die sich davon ableitende und bis heute für den Bezirk Reutte gebräuchliche Bezeichnung „Ausserfern" spiegelt die extreme Randlage des Lechtales zu Innertirol wieder. Die einzige direkte Verbindung zum politischen Kernland war in frühen Zeiten der Fernpass, über den bereits die Römer und im Mittelalter kaiserliche Heere gegen Süden zogen. Kirchlich war das Ausserfern bis 1816 dem Bistum Augsburg unterstellt, das im Oberen Lechtal große Besitzungen hatte.

Die ersten Siedler

Als erste Siedler im Oberen Lechtal drangen im 11. Jahrhundert, wohl über die Joche der Allgäuer Alpen kommend, alemannische Viehzüchter zunächst in das Gebiet um Elbigenalp ein. Dabei errichteten sie ihre Dauersiedlungen nicht auf dem von periodischen Hochwasserfluten bedrohten Talgrund, sondern auf sonnigen Stufen der Talflanken. Zahlreiche rätoromanische Ortsnamen deuten zudem auf die enge Bindung zu südlichen Nachbargebieten hin, von wo die Hirten lange vor der Dauerbesiedlung in die Seitentäler der Lechtaler Alpen zur jährlichen Sommerweide gezogen waren.
Erst im 14. und 15. Jahrhundert ließen sich

Die Geschichte der „Schwabenkinder" erreichte ihren Höhepunkt im 19. Jahrhundert: „Schwabenkinder" nach ihrer Ankunft in Ravensburg (Zeichnung 1895).

bajuwarische Bauern in den Seitentälern nieder. Zudem gründeten Walser, die von Westen her zuwanderten, im 14. Jahrhundert am Tannberg und im bis dahin nicht besiedelten Bockbach- und Krabachtal einzelne Weiler und Gehöfte.

Allmählich verlagerte sich der Schwerpunkt der Besiedlung von den höher gelegenen Niederlassungen ins Haupttal, wobei gegen Ende des Mittelalters dieser Prozess neben einer Bevölkerungszunahme möglicherweise auch durch Klimaverschlechterung beschleunigt wurde. Viele der exponiert gelegenen Siedlungen waren zudem durch Lawinen extrem gefährdet, nachdem die Viehzüchter große Teile der Bergwälder in Weideland umgewandelt hatten. Die Aufgabe vieler Einzelgehöfte in den Seitentälern ist geradezu als Bergflucht ins Tal zu verstehen. Aber auch im Haupttal bestand kaum die Möglichkeit, die landwirtschaftlichen Flächen zu erweitern. Wie begehrt selbst die schwer zu bewirtschaftenden Steilhänge des Tales waren, zeigt die bis ins 20. Jahrhundert übliche Verteilung der Mähder durch Los in der Gemeinde Häselgehr.[1]

Dazu kam, dass auch im Haupttal nach der Rodung der Bergwälder immer wieder Siedlungen von Lawinen verschüt-

1 Das Wappen von Häselgehr zeigt den Losbecher, mit dem die Nutzrechte der Mähder unter den Bauern jährlich verlost wurden.

tet wurden. An eine dieser zahlreichen Katastrophen erinnert eine Gedenktafel von 1726:

Anno 1689 4. Hornung (= Februar) *um 7 Uhr früh hat Gott uns abermal mit einer vom Spitz des Wannerecks über das Enge und Wiestal herabschießenden Staubläh heimgesucht in welcher 11 Häuser 46 Stück Vieh jämerlich zugrund gegangen und zerschmettert worden. Ein Kind in der Wiege und ein Weib in einem Krautfaß und die übrigen 23 hat man gerettet. ...*

Viele Ortsnamen, in denen je nach ihrer Lage alemannische, baiuwarische und selbst romanische Sprachmerkmale zu finden sind, künden von den frühen Siedlern und nicht selten auch von örtlichen Besonderheiten. So leitet sich „Reutte" von dem althochdeutschen Wort für Roden, „Elbigenalp" wohl von einer früher mit Ulmen bestandenen Alpe, Weißenbach von einem weißen, d. h. mit Kalkgeröll beladenen Bach, und Forchach von Vorhach (= Föhrenwald) ab.[1] Gramais bedeutet „grasreiche Gegend" und Holzgau „waldbewachsene Au". Im Ortsnamen „Kaisers" könnten noch Jagdrechte der Staufer, die im 13. Jahrhundert das Obere Lechtal mit dem Inntal herrschaftlich vereinigt hatten, nachwirken.

Bauern und Handwerker

Gegen Ende des 16. Jahrhunderts war das Obere Lechtal bereits deutlich übervölkert. An eine Ausweitung landwirtschaftlicher Nutzflächen war wegen der rauen Klimaverhältnisse – 37 Weiler und Gemeinden liegen zwischen 850 und 1550 Meter hoch – nicht zu denken. Ab der zweiten Hälfte des 16. Jahrhunderts

Als Zeichen ihres Erfolgs ließen die im Ausland zu Reichtum gekommenen Lechtaler ihre stattlichen Häuser mit der sogenannten Lüftlmalerei verzieren: Haus in Holzgau.

waren deshalb viele Bauern aus existenziellen Gründen gezwungen, durch Heimarbeit, vor allem durch Anfertigung von Bürsten und Sensen oder durch Fertigung von Garn- und Wollwaren, zusätzliches Brot zu verdienen. Schon damals versuchten die Lechtaler, durch Wanderungen in Nachbargebiete ihre Ware auf den Markt zu bringen. Zudem hatten sich einige Bewohner des Tiroler Lechtales als weithin gefragte Bauhandwerker und Stuckateure etabliert.[2]

Fast ein Fünftel der Lechtaler war an der Wende vom 17. zum 18. Jahrhundert als Zeitwanderer im Ausland, um sich und ihre Familien durchzubringen. Wandern

1 Forchach führt in seinem Wappen den Zweig einer Forche, ein noch heute gebräuchliches Synonym für die Kiefer.

2 Beispielsweise wurde der Dom von Brixen hauptsächlich von Handwerkern aus dem Lechtal errichtet.

Es gab freilich auch Lechtaler, die im Ausland reich wurden. Sie hatten – vor allem in den Niederlanden – Handelsniederlassungen gegründet und kehrten teilweise im Alter als „Holländer" ins Lechtal zurück. Einige von ihnen machten weiterhin gute Verdienste, indem sie Kredite bis nach Oberstdorf vergaben. Vor allem in Holzgau sind einige Häuser dieser zu Reichtum gekommenen Lechtaler erhalten.

Die Kulturlandschaft des Tiroler Lechtales steht und fällt mit den ortsansässigen Bauern. In diesem alten Bauernhaus in Gramais hängen unter dem Dach noch die „Hoatzn", auf denen das Heu zur Zeit der Heuernte getrocknet wird.

mussten auch viele Kinder aus armen Familien. Als Hirt oder Magd dienten sie jeweils einen Sommer lang im benachbarten Oberschwaben. Die Geschichte dieser sogenannten Schwabenkinder, die im 19. Jahrhundert ihren Höhepunkt erreichte, kennzeichnet in erschütternder Weise die damalige Notlage des Oberen Lechtales. Begleitet wurden die 6- bis 14-Jährigen bei ihrem „Schwabengehen" von einem Erwachsenen, meist einem Priester, der für notdürftige Unterkunft während der Wanderung sorgte und auf den Märkten die Preise für die Kinderarbeit aushandelte. Wie sehr das Nachbarland diese Kinderarbeit nutzte und ausnutzte, wird auch durch die Aufhebung der seit 1836 in Württemberg eingeführten Schulpflicht für die ausländischen Kinder deutlich. Bis 1921 wusste eine einflussreiche oberschwäbische Bauernlobby die Ausdehnung der Schulpflicht auf die Schwabenkinder zu verhindern.

Erholungslandschaft als Chance

Die Bergflucht und Entsiedelung im Oberen Lechtal dauerten bis weit in das letzte Jahrhundert hinein. Erst zu Beginn des 20. Jahrhunderts wurde das Lechtal durch eine einspurige Fahrstraße erschlossen. Ab jetzt kamen auch die ersten Sommergäste, freilich noch in zu geringer Zahl, um einen Wirtschaftsfaktor darzustellen. Grundlegend änderte sich die Situation erst in den letzten 40 Jahren. Seitdem nimmt auch die Einwohnerzahl wieder stetig zu. Das Hotel- und Gastgewerbe, das von der schönen Berglandschaft mit der letzten Wildflusslandschaft der Nordalpen deutlich profitiert, verzeichnet inzwischen einen enormen Beschäftigungszuwachs. An Bedeutung verliert dagegen in letzter Zeit leider die Landwirtschaft, die für den Erhalt der alpinen Kulturlandschaft so unverzichtbar ist.

Über Jahrhunderte war die Flößerei ein blühendes Gewerbe. Neben dem Holztransport wurden auch Waren und Personen befördert: Floß bei Lechhausen, 18. Jahrhundert.

Holztrift und Flößerei

Die Geschichte der Holztrift[1] und Flößerei, die mit Sicherheit weit über die historisch nachweisbaren Anfänge zurückreicht, ist untrennbar mit dem Aufstieg der Anrainerstädte verbunden. Der Lech gewann als Wasserstraße im Mittelalter und ganz besonders in der Neuzeit, als der innereuropäische Handel erheblich zunahm, immer mehr an Bedeutung. Im 16. Jahrhundert, zur Blütezeit der Reichsstadt Augsburg, wurde von den „Proviantherren" noch die Trift favorisiert. Bis von Tirol wurde Holz in unvorstellbarem Ausmaß nach Augsburg geschwemmt, allein 350 000 Stämme im Jahr 1568. Vom erheblichen Holzverlust einmal abgesehen, wurden bei der Trift immer wieder Uferbereiche und Brücken beschädigt und nicht selten ganze Fischbruten vernichtet. Vor allem kam es durch angeschwemmte Stämme zu Hochwasserschäden, die auch Fluren und Siedlungsbereiche trafen. So behaupteten 1568 die Reuttener in einer Forderung nach Schadensausgleich an die Reichsstadt Augsburg, dass sich der Lech infolge der Trift ein völlig neues Bett durch die Fluren „für ewige Zeiten" gegraben hätte. Die sich häufenden Schadensregelungen schlugen schließlich so zu Buche, dass die Trift gegenüber der Flößerei an Bedeutung verlor.

Dagegen war die Flößerei über Jahrhunderte ein blühendes Gewerbe, von dem nicht nur die großen Umschlagplätze Füssen, Schongau, Landsberg und Augsburg, sondern auch viele

1 d.h. Schwemmung von einzelnen, losen Hölzern.

kleine Gemeinden entlang des Lechs profitierten.[1] Auch die Flößerei transportierte in erster Linie Holz. Zusätzlich knüpfte sie an die aus Italien kommenden Fernhandelsstraßen an. Erster Umschlagplatz war dabei Füssen, wo Waren aus dem Süden, wie Wein aus Südtirol und Öl aus Italien, auf die Flöße geladen wurden. Hinzu kamen heimische Produkte, vor allem Butter, Käse, Getreide und Bier, ebenso Wetz-, Schleif- und Mühlsteine, Kalk und Gips, selbst lebende Tiere, vor allem Kälber und Schweine, aber auch Kühe, Ochsen und Pferde, in Kriegszeiten selbst Truppen und Kriegsmaterial. Der Transport erfolgte bis nach Augsburg und weiter donauabwärts bis nach Wien und Budapest, vereinzelt selbst bis nach Belgrad. Schließlich etablierte sich auch eine regelmäßige Personenbeförderung, vorzugsweise von Augsburg nach Wien.[2] Den ersten historisch nachweisbaren Höhepunkt erreichte das Flößereigewerbe im Jahr 1618. Die damalige Floßzahl von etwa 4000 wurde erst wieder im Jahr 1865 leicht überschritten. Bald darauf, in den letzten beiden Jahrzehnten des 19. Jahrhunderts, ging die Flößerei durch die Konkurrenz der Eisenbahn kontinuierlich zurück, bis sie am Beginn des 20. Jahrhunderts infolge der Flussverbauung endgültig zum Erliegen kam.[3]

Die Möglichkeit, Holz selbst aus weiter Entfernung durch Trift oder Flößerei in die aufstrebenden Städte zu bringen, wirkte sich auf das Landschaftsbild bis ins Obere Lechtal aus. Nachdem der immense Holzbedarf Augsburgs schon zum weitgehenden Verlust von Wäldern im Unteren und Mittleren Lechtal geführt hatte,[4] kaufte die Stadt im 16. Jahrhundert Wälder im Tiroler Lechtal, vor allem bei Stanzach, Fallerschein, Namlos und Forchach, zum planmäßigen Abholzen auf.

In den alten Akten ziehen sich die Klagen über „Holzverwüstungen", d.h. Raubbau an Wäldern, über Jahrhunderte hin. So schrieb bereits 1435 der Bayernherzog Wilhelm an den Probst von Steingaden, dass die Wälder „geödet", an den Lech verfrachtet und dort verkauft würden. Zudem beklagte er, dass gleichzeitig die Felder „ungespannt" und die Wiesen „ungeräumt" blieben. Als der fortwährende Raubbau zu einer immer größeren Holznot führte, erließ 1748 der bayerische Kurfürst einen Erlass, nach dem Holz nur noch mit staatlicher Genehmigung ins „Ausland" – zu dem auch Augsburg gehörte – gebracht werden durfte. Aufgeforstet wurde mit Fichten, die schnellere Erträge als die ursprünglichen Bergmischwälder versprachen.

Die monotonen Fichtenforste an den Talflanken des Oberen und Mittleren Lechs sind das bis heute währende Erbe einer rücksichtslosen Waldnutzung.

1 Der Ort Lechbruck lebte beispielsweise über längere Zeit nahezu ausschließlich von der Flößerei.

2 Prominentester Fahrgast im 16. Jahrhundert von Füssen nach Augsburg war Michel de Montaigne. Sein Sekretär berichtet im Jahr 1580: „Ich wurde hier mit unserem Gepäck auf ein sogenanntes Floß gesetzt, das uns auf dem Lech nach Augsburg zu bringen hatte; ein solches Floß besteht aus miteinander verbundenen Holzstämmen, die sich ausdehnen, wenn sie im Hafen stilliegen."

3 1914 fuhr ein eigens für den königlichen Besuch bestelltes Floß durch den nach der Hochwasserkatastrophe neu errichteten Floßgraben des Hochablasses. Es war das erste und zugleich das letzte Floß, das dieses Bauwerk passierte.

4 Bis heute ist das Untere Lechtal sehr waldarm.

Das Lechhochwasser 1910 richtete am ganzen Lechlauf immensen Schaden an: Foto 1910, oberhalb des Hochablasses.

7. Spannungsfeld Wildfluss – Kulturland

Der Lech – *ein seer streng laufend und reysend wasser*

Über Jahrtausende bestimmte allein der Lech die Grenze zwischen Natur- und Kulturland. Frühe Versuche, wenigstens stellenweise Weide- oder Ackerland in der Aue vor den Gewalten des Wildflusses zu sichern, waren auf Dauer gesehen nahezu immer vergeblich.

Die Siedlungsgeschichte des Lechtales ist geprägt von den Verwüstungen durch die Hochwasser, die immer und immer wieder große Teile des Tales überfluteten und alles, was sich ihnen in den Weg stellte, mit sich rissen. Treffend beschreibt um 1550 Amandus Wolf aus Augsburg den Lech als *„ein seer streng laufend und reysend wasser (bevorab so er mit dem Regen- und Schneewasser gereicht) sey, desshalber derselbig den Nachpern, so daran mit irenn guttern stossen, merklichen schaden zufiege“*. Weiter vermerkt Wolf, dass der Lech *„sich täglich verendere“* und, *„so oft ein gross gewesser kom ... ein sonnder Bachmutter“* mache.[1] Damit zählte auch der Gewinn oder Verlust an Gelände zu den hinzunehmenden Wechselfällen eines Lebens am Lech. Rechtsansprüche gegen verlorenes Land gab es nicht, was sich in dem fatalistischen alten Rechtsspruch: „Der Lech geb und nem“ sehr deutlich ausdrückt. Allein zwischen 1335 bis 1935 zählen die Quellen 35 verheerende Hochwasser.

Wie sehr auch die Städte unter der zerstörerischen Kraft des Flusses litten, wird am Beispiel Schongaus nach dem 30-jährigen Krieg deutlich. 1652 hatte dort ein Hoch-

1 Leidel & Franz 1998, S. 138.

Newe zeytung auß Augspurg/was sich daselbsten in einer Wochen für vnfall zugetragen vnd verlauffen hat/auffs aller kürtzest angedeüt.

Sprach ein Hochgelerter Weyser Mann sagt also: Mensch/ wanns dir vbel gehet/ so gedenck das es dir wider wol gehn mag: Vnd wann es dir wol geht/das es dir wider vbel gen kan/dañ vor Abendt es noch wol anderst werden kan. Nun wünsche ich von grund meines hertzens/auß Christlicher barmhertzigkait vnd liebe/ das dises alle Ruchlose vermessene sichere Leüt/recht thäten zu hertzen nemen/welche in Tag/ (gleich wie dz vnuernünfftige Viech) hinnein leben/vnd vermainen/ es sey ein Tag vnd Jar dem andern gleich/ ja ein Stund wie die ander/derhalben sie in jrer verdampten sicherheit fortfahren/vnangesehen das sie Gottes wort täglich daruon abmant/ auß vilen vrsachen ist dise auch eine/ dardurch Gott/ vmb vnsers besten willen/bewegt wirdt/solche Exempel/vns zu ordnen zu machen/ oder für zů stellen/dardurch wir Menschen/ (an denen doch schier gar nichts mehr ergeben/ oder helffen will) möchten von sollichem vermeßnen leben abgeschröckt werden/ dessen seind dise verlauffne Geschichten/als nacher soll vermeldt werden/außtruckliche Exempel.

Dann Anno 91. den 17. Junij/am verschinen Montag/hat sie laider erbarms Gott/ durch vnglücksfals/oben am bach/beim oberen Ablaß zugetragen vnd verlauffen/ als nämlichen mit dreyen Weibs personen/welche ellendigklich/vñ jämerlichen/(als sie von Landtsperg her/von dem Jarmarckt gefahren/verdorben vnd ertruncken sein/ vnd aber die dritte person/ so ein ledige Tochte von Landtsperg gewesen/sich an einem Baum/biß gleich nahent bey Lechhausen/erhalten/doch zu letst auß schwachhait verlassen müssen/vnd jren Gaist neben den andern zweyen auffgeben.

Den 18. Dito/ am Afftermontag/hat Lienhart Lüntzer Mangmaister/ im Schůchgäßlin/ein füder Hew eingeführt/abgeladen zu abendts in der fünfften stund/durch sein Gesind/ vnd anderen/mit dem zug/wie dann vor 30. oder 40. Jaren/also gebraucht auffziehen lassen/ welliche oben an einem floß rüderbaum angebunden gewesen ist/aber ein Magdt/wie man im strick das Hew einlegt vnd anfast/sich darzu angehenckt/ auffgelegt vnnd beschweret worden/ also Sy von anderen Mägdten schertzlicher weiß hin vnd wider gestossen/ auch darmit auffgezogen/das dardurch obgemelter zug bewegt worden/ das Sail oder Nagel daran er gehangen von einander gelassen/vnd zerbrochen/der Zug mit dem floßbaum herab gefallen/das sich laider der vnfall begeben vnd zugetragen/von vilen personen gesehen/ zwo dienst Mägdt zu Tod erschlagen/die aine mit Namen Cordula genandt/die hat ein Kindt einer andern Magdt/so dem Hew auffziehen zugesehen hat/vom arm hinwegk genom̃en/ vnd dieselb schertzweiß/ alßbald in das Hew gestossen/in dem herab fallen gemeltes zugs/gemelte Cordula/so das Kindt auff dem arm̃ gehabt getroffen/aber Gott lob/dem Kindt/ durch Göttlichen wunderbarlichen Schutz/ weil sie es auch von dem arm̃ hat fallen lassen/ sonders nichts des jhm an dem Leben het schaden mögen/widerfaren ist/die Magdt aber so auch troffen worden/ist ohn alles gefahr/ durch gangen/ vnd ein Kraut getragen/welliche auff dem Creütz bey einem Weber gedienet hat/also seind sie bede/durch disen vnfall vmb jr leben kommen.

Adij den 19. dito/hat sich zů Nacht zwischen 7. vnd 8. vhren/noch mehr vnfals/verlauffen vnd zugetragen/nämlichen/das der Herren Stubenhaitzer allhie/Hans Pfeiffenman genandt/auff dem Rahthauß bloß ein stapffel bey der Botten stuben herab/zu Todt gefallen ist. Auch disen Tag hat ein Zimmerman/sampt einem Tagwercker/ Strosäck auff den boden getragen/Er/aber der Zimmermann/vnder anderem zů weyt gangen/ das er vnuersehens zum Laden auß/ inn Hoff abgefallen ist/ vnd sein leben jämerlichen geendet. Zů disem ist noch mehr vnglück eingefallen/dañ man eines Webers Kindt an dem rechen/so ertruncken ist/gefunden hat.

Gott der Allmechtige wöll disen verschidnen Personen/ sampt vns/am Jüngsten Tag/ ein frőliche vrstend/oder Aufferstehung verleyhen/ vns aber die wir noch leben/ seinen Heyligen Geyst vergünnen/auff das wir durch jhn/künden recht Leben/Leyden/vnd Streben/ sollichs wöll Er vns gnädigklichen/durch seinen geliebten Son/ vnseren Herren vnd Heylandt Jesum Christum gewehren/Amen.

¶ Zů Augspurg bey Georg Kreß/Brieffmaler/in Jacober vorstat/ins Valenteins Hoff/Bierschencken.

< Unglücksfälle durch reißende Hochwasser zählten über Jahrhunderte zu den großen Gefahrenquellen für die Lechanrainer: Flugblatt, 16. Jh., mit Darstellung verschiedener Unfälle, darunter auch Ertrinken in den reißenden Fluten des Lechs.

wasser die Brücke und Wehre zerstört oder zumindest erheblich beschädigt. Nach weiteren Überschwemmungen in den 1660er Jahren und einem wiederum besonders schweren Hochwasser 1676 wandten sich die Bürgermeister, Räte und die „ganze arme Bürgerschaft" der Stadt an den Landesherren mit der dringenden Bitte, die Steuern zu erlassen und auf die Übergabe des bisher schon für den Unterhalt der „Wuhren" verwendeten Bierpfennigs zu verzichten.

Als eine der schlimmsten Überschwemmungen ist die „Lechhochwasserkatastrophe 1910" in die Geschichte eingegangen. Sehr anschaulich beschreibt ein Augsburger Zeitzeuge die damalige Situation:

„Im Gebirge niedergegangene heftige Wolkenbrüche hatten am 14. Juni die dort liegenden Schneemassen rasch zum Schmelzen gebracht, was zur nächsten Folge hatte, dass der unter normalen Verhältnissen so unscheinbare Lechfluß in kürzester Zeit zum reißenden Strom anschwoll. ... Mit elementarer Gewalt wälzten sich die trüben Fluten des zum mächtigen Strom gewordenen Gebirgsflusses daher, alles vernichtend, was sich hemmend seinem wilden Lauf entgegensetzte. ... Der Stadt Augsburg, deren ganzes Wohl und Wehe schon von alters her auf das Innigste mit dem Lechfluß verbunden ist, war es beschieden, am schwersten von der Katastrophe betroffen zu werden."[1]

Die Verwüstungen, die sich damals auf das ganze Lechtal erstreckten, richteten allein in Augsburg unermesslichen Schaden an. Das Hochwasser riss auch den Hochablass mit sich, der in seiner Geschichte zuvor nur einmal, nämlich 1406, durch Hochwasserfluten zerstört worden war. Diese „Hochwasserkatastrophe 1910" hat den Ausbau des Lechs, der nördlich von Augsburg schon weit fortgeschritten war, wesentlich beschleunigt.

Lechkanäle

Lange bevor der Fluss durch Ausbaumaßnahmen gebändigt werden konnte, nutzten die anliegenden Städte seine Kraft zur Energiegewinnung. Dazu bedurfte es aufwendiger Ableitungen, weil im Wildfluss selbst die Anlage von Wasserkraftwerken nicht möglich war. Zu häufig veränderte der Lech sein Bett. Zudem hätten die Hochwasser alle Bauten im Flussbett weggerissen und die Geröllmassen alle künstlichen Gerinne wieder verschüttet.

Es musste also Wasser in Mühlbäche oder Kanäle geleitet werden, was in kleinerem Umfang wohl schon die Römer erfolgreich versucht hatten.[2] Größere Ableitungen sind aber erst aus dem Mittelalter bekannt. Dazu war der Bau von Wehren nötig, die sich nur wohlhabende Städte wie Augsburg und Landsberg leisten konnten.

Zu den ältesten größeren wasserbaulichen Anlagen am Lech außerhalb Augsburgs zählt das Karolinenwehr in Landsberg, dessen Entstehungsgeschichte wahrscheinlich mit dem Aufschwung Landsbergs im 12. Jahrhundert zusammenfällt. Es führte über Jahrhunderte den in der Stadt gelegenen Wasserrädern Wasser zu und funktioniert, immer und immer wieder nach Hochwasserschäden repariert, noch heute.

1 Mayer 1914, S. 11.

2 Rapp 1984, S. 56.

Mit dem Stadtbild Landsbergs ist das Karolinenwehr seit Jahrhunderten eng verbunden: Ausschnitt aus einem Altarbild mit Stadtansicht Landsbergs, 17. Jh. (Neues Stadtmuseum Landsberg am Lech).

Um 1000 n. Chr. datiert man die ersten mittelalterlichen Kanäle Augsburgs. Der berühmteste und bis heute bestehende „Anstich" des Lechs, der Hochablass, wird erst 1536 urkundlich erwähnt. Er versorgte zusammen mit späteren und weiter flussaufwärts errichteten Anstichen mittels eines ausgeklügelten Systems von Kanälen die Stadt mit Energie und Brauchwasser. Zudem schloss er die Stadt an die Floßfahrt und an die Holztrift an. Bis weit ins 19. Jahrhundert war er das bedeutendste Bauwerk am gesamten Lech. Der Augsburger Baurat F. Kollmann schrieb 1850: „Von den früheren Bauten ist der Lechablass ohnstreitig das beachtenswertheste hydrotechnische Werk an dem benannten Strome. Denn nicht nur wird die Wassermasse desselben dadurch, nach den Bedürfnissen der Stadt, ganz oder theilweise in die Kanäle gelenkt, sodann auch der Eisgang wie jedes sonstige übelwirkende Naturereigniß von der Stadt abgelenkt." Trinkwasser bezog die Stadt Augsburg dagegen nicht aus dem Lech, sondern schon sehr früh aus „in der Meringer Au hin und wider befündende suessen Quellen".

Da der Fluss nicht im Besitz der Stadt, sondern im Besitz der Herzöge von Bayern war, kam es über die Wasserableitung zu ständigen und über Jahrhunderte währenden Streitereien. Dabei hatte es nur wenig genützt, dass 1462 Kaiser Ferdinand III. der Reichsstadt Augsburg das Recht erteilt hatte, den Lech durch so viele Bäche als für nötig erachtet in die Stadt zu leiten. 1468 eskalierte wieder einmal die Auseinandersetzung um die Nutzung des Wassers. Damals ließ Herzog Albrecht IV. von Bayern den Lech gegen Augsburg mit Pfählen verrammen. Im Januar 1596 entbrannte um die Wassernutzung erneut der Streit zwischen dem bayerischen Herzogtum und der Stadt Augsburg. Die Bayern durchbrachen, nachdem sie sich von der Stadt Augsburg übergangen fühlten, das Wehr und dämmten gleichzeitig den Zufluss zum Stadtkanal ab. Erst im Mai 1596 konnte durch kaiserlichen Erlass der Streit geschlichtet werden.

In Kriegszeiten war die Reichsstadt we-

Der Hochablass war über Jahrhunderte für die Wasserversorgung der Stadt Augsburg von höchster Bedeutung: Hochablass bei Eisgang im Winter 1928/29.

gen des weit außerhalb der Stadtmauer gelegenen Hochablasses besonders verwundbar, da die feindlichen Heere sehr wohl um die Bedeutung des Lechwassers für die Stadt wussten. So brannten 1634 im Dreißigjährigen Krieg kroatische Soldaten alle Schleusenbauten am Hochablass nieder. 1646 sperrten Schweden und Franzosen das Wasser im Lech ab und verschütteten einen Großteil der Kanäle. Im Spanischen Erbfolgekrieg brannten wiederum bayerische Soldaten alle Ablassgebäude nieder, um die Stadt zur Aufgabe zu zwingen.

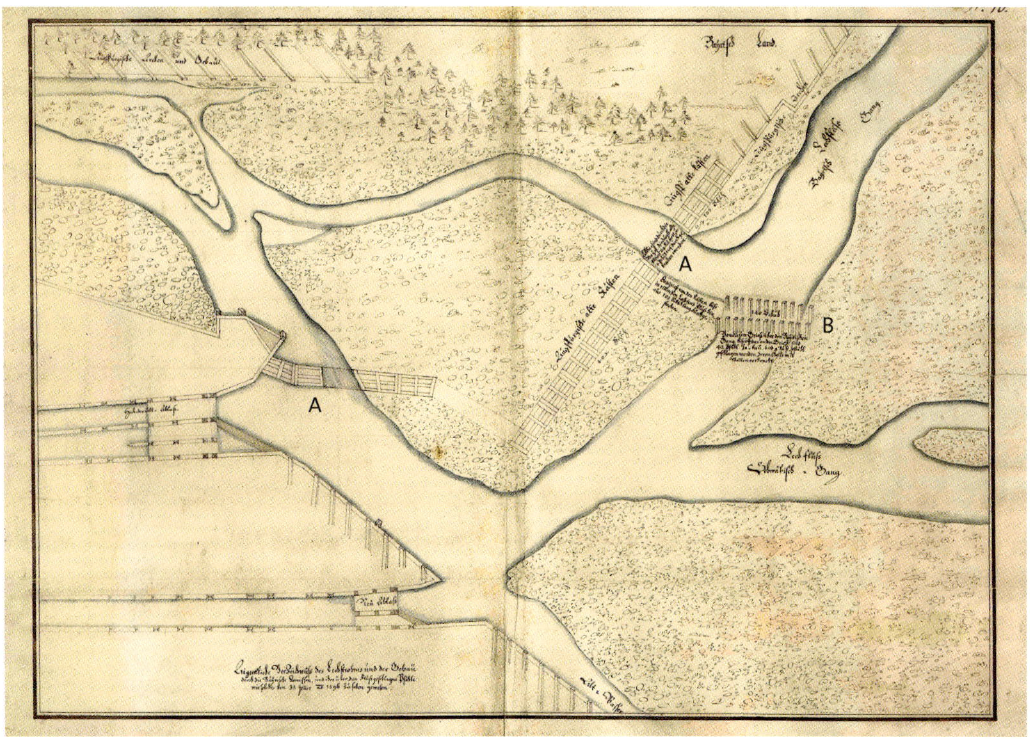

Die undatierte Zeichnung zeigt die Situation des Hochablasses im Januar 1596: Das Wehr ist eingerissen (A) und der Zustrom zum Stadtkanal abgedämmt (B).

Die Wehre und Schleusen litten aber nicht nur unter kriegerischen Auseinandersetzungen, sondern auch unter der Gewalt des Flusses selbst. 1914 schrieb der städtische Oberingenieur der Stadt Augsburg G. Mayer: „Ein noch schlimmerer Feind als die kriegslüsternen Heere jener Zeit war für die Stadt und ihre Lechbauten die dem wilden Gebirgsstrom innewohnende Elementargewalt, die – durch anhaltende Regengüsse oder rasche Schneeschmelze plötzlich entfacht – des öfteren die verheerende Wirkung auf die Wehr- und Uferbauten ausübte." Dabei war die Bedeutung der Wasserkraft des Lechs für die Entwicklung der Stadt Augsburg von Anfang an bis weit ins 19. Jahrhundert immens. Baurat F. Kollmann stellte 1850 fest: „Durch das Versiegen dieser Adern würden mehr als sechstausend paar Hände keine Beschäftigung mehr haben und die Stadt sicher, in kürzester Frist, die Hälfte ihrer jetzigen Einwohner verlieren, weshalb man die Kanäle Augsburgs im Ganzen, und die aus dem Lech geführten Ströme insbesondere unsere Lebensader nennen darf, ... denn neben dem Nutzen führten sie Augsburg zum frühern Ruhme und erneuern ihn in unseren Tagen."

Frühe Flusseinbauten

Während sich frühe wasserbauliche Anlagen zur Nutzung der Wasserkraft ganz auf die Städte Augsburg, Landsberg und Füssen beschränkten, versuchten Anwohner des Lechs auch im ländlichen Bereich den Wildfluss, wenn sie ihn schon nicht zähmen konnten, so doch in seinem Lauf zu beeinflussen. Dadurch ließ sich Grundeigentum zumindest vorübergehend schützen, zuweilen auch vermehren. Nach einer mündlichen Überlieferung soll Kaiser Ludwig der Bayer (1314–1347) über die vom Lechverlauf vorgegebene Grenze folgendes entschieden haben: „Was der Lech hinüber lege, das sol gein Schwaben gehorn, und was er herüber lege, das soll gein Bayern gehorn".[1] Diese Regel forderte die Anrainer geradezu heraus, den unsteten Stromstrich durch künstliche Einbauten zu ihren Gunsten zu ändern. Die noch sehr beschränkten technischen Möglichkeiten zur Wasserablenkung reichten vom Einbringen sogenannter Faschinen, einfachen Rutenbündeln, bis zu schräg in den Fluss gebauten steinernen Wehren. Gerichtsakten aus jener Zeit zeigen immer und immer wieder die gleiche Situation: Einbauten auf der einen Seite erforderten Gegenbauten auf der anderen, künstlicher Flussablenkung herüben folgten rechtliche Schritte drüben. Beispielhaft für die andauernden Streitereien ist ein Prozess von 1580, in dem es um den Vorwurf einer beabsichtigten Flussveränderung zwischen Oberndorf und Oberpeiching ging. Die Vertreter der bayerischen Seite klagten, dass die linksseitig gelegenen Oberndorfer von ihrem Westufer vier „Schlachten" (= Vorwerke) gebaut hätten, die „steil und weit in den Lech ragen", um den Lech nach Osten, also gegen die bayerische Seite zu drängen. Dabei hätten die Oberndorfer 2 fb Tagwerk Wald auf einem „Grieß" (= kiesiges Gelände) gewonnen. Zudem gäbe es an der Ostseite keinen Uferschutz mehr und der Mühlbach nach Oberpeiching sowie die Straße nach Augsburg seien gefährdet. Die für den Prozess angefertigte Abbildung zeigt sehr deutlich die linksseitigen Einbauten. Sie mussten nach Gerichtsbeschluss von den Oberndorfern abgerissen werden, was nach dem Bericht eines Chronisten „unter den Augen etlicher hundert personen" geschah.

1 Leidel & Franz 1998, S. 161.

Die Abbildung des Lechs aus dem Jahr 1580 bei Oberndorf, Rain und Oberpeiching zeigt die linksseitigen Einbauten, die nach einem Gerichtsbeschluss wieder abgerissen werden mussten (unbek. Maler aus Donauwörth).

Längsverbauung

Eine Zähmung, d. h. Verbauung des Lechs im großen Stil, war technisch erst im 19. Jahrhundert möglich. Dabei stand zunächst der Hochwasserschutz der flussnahen Siedlungen und Fluren im Vordergrund. Zwischen 1852 bis 1873 wurde als erstes die Strecke nördlich von Augsburg „korrektioniert“. Dabei versuchte man zunächst den Lechlauf mit Hilfe von „Durchstichen“ der mäanderförmigen Flussschlingen zu begradigen.

Danach zwangen die Ingenieure den nun in gestrecktem Lauf fließenden Fluss mittels beidseitiger Längsverbauungen in ein trapezförmiges Bett. Nach unbefriedigenden Versuchen, die Ufer durch ein Gemisch aus Holz und Kies-Senkfaschinen[1] zu stabilisieren, befestigte man sie durch Steine, vorwiegend Jurabruchsteine, und ab dem 20. Jahrhundert zusätzlich durch Beton. Anschließend wurden beidseits des Flusses Hochwasserdämme errichtet. Dadurch war die Hochwassergefahr zwar nicht völlig gebannt, aber doch stark eingeschränkt. Die Flößerei hatte nicht mehr mit Untiefen, Wasserwalzen und Strudeln zu kämpfen. Die Landwirtschaft konnte weit in die Aue vordringen, was bei der schwierigen Ernährungssituation der Bevölkerung im 19. Jahrhundert besonders begrüßt wurde.

Allerdings kam es nach der Begradigung des Lechs sehr schnell zu einer Erosion der Flusssohle. Die entsprechende Eintiefung ging weit über das von den Wasserbauingenieuren beabsichtigte und vorausgesagte Ausmaß hinaus. 1898 berichtet ein Zeitzeuge: „Durch die geradlinige Lechkorrektion hatte sich sehr schnell der Fluss volle 7 Meter tief in seine Alluvionen und in den tertiären Flinz eingegraben und einen tiefen kanalartigen Schlauch geschaffen“.[2] Sehr bald wurden auch andere Nachteile der Flusskorrektion deutlich. Hochwasserwellen durchliefen den begradigten Fluss jetzt schneller und verstärkten dadurch die Hochwassergefahr im Donautal. Das Absinken des Grundwasserspiegels wirkte sich auf den gesamten Naturraum des Tales und ebenso auf die Land- und Forstwirt-

1 mit Kies gefüllter Körper, der durch ein festes Weidenzweigegeflecht zusammengehalten wird.

2 Geistbeck 1898, S. 14.

Durch Längsverbauungen wurde der Lech in ein enges Korsett gezwungen: Verbauung des Lechs unterhalb der Wolfzahnau, 1912.

Die „Flusskorrektion“ war eine Großbaustelle, in der viele Arbeiter über Jahrzehnte ihr Brot verdienten: Lechausbau bei Augsburg, 1912.

Auch südlich von Augsburg wurde der Fluss durch Längsverbauungen in ein enges Korsett gezwängt und so von der Aue weitgehend abgetrennt: Lech am Sebastiananstich im „Stadtwald Augsburg“, 1934.

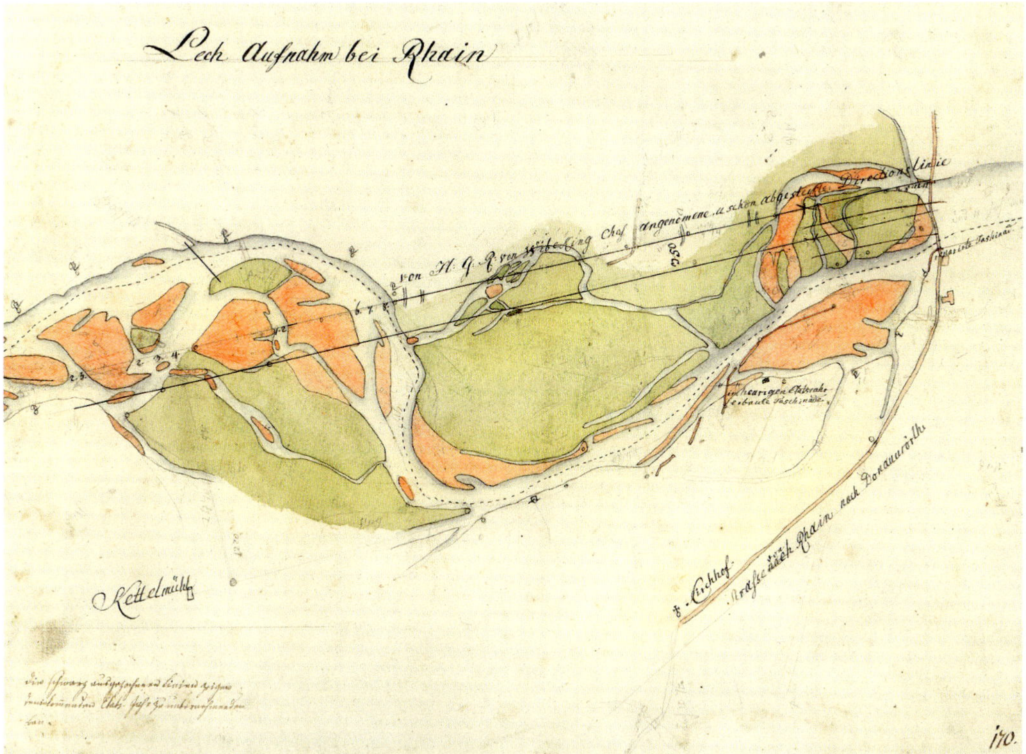

Der Lech zwischen Unterpeiching und der Rainer Lechbrücke mit der von Ingenieuren festgelegten „Direktionslinie“ (1806)

schaft negativ aus.[1] Das Resümee des für den Lechausbau zuständigen Kgl. Bayerischen Staatsministeriums des Inneren von 1888 klingt daher eher verhalten stolz: „So muß im Allgemeinen der Korrektur dieser Fluss-Strecke von Augsburg abwärts ein wohltätiger Nutzen eingeräumt werden“.

Nach der massiven Eintiefung des Lechs wurden zunehmend die über der Flusssohle hängenden Seitenverbauungen instabil. Dieser Entwicklung versuchten die Wasserbauer durch Einbringen von Querbauten, den Sohlschwellen, Einhalt zu gebieten. Diese Sohlschwellen entpuppten sich wiederum sehr bald als Dauerreparaturstellen. Sie führten zudem zu einer empfindlichen Störung des Geschiebetransportes mit starken Auswirkungen auf die Flusssohle, die man ja durch die Sohlschwellen zu stabilisieren versucht hatte.

Ungeachtet dieser Nachteile sahen die Wasserbauer in der „Fluss-Korrektion“ nördlich von Augsburg ein Modell für den weiteren Ausbau. Von 1879 bis 1920 wurden die Uferstreifen des Lechs zwischen der Schwabstadler Brücke und Unterbergen durch Längsverbauungen vor der „Verwilderung“ geschützt. Damit war ab den 30er Jahren des letzten Jahrhunderts auch südlich von Augsburg bis über Landsberg hinaus der Lech in ein enges Flussbett gezwängt. Nach der „Hochwasserkatastrophe 1910“ und verstärkt ab 1925 wurde der weitere Ausbau forciert. 1931 waren die Arbeiten auch in Tirol zwischen Steeg und Stanzach weitgehend abgeschlossen. Allerdings wurde im Oberen Lechtal an einigen Flussabschnitten nicht mit Nachdruck gearbeitet.

1 Über die Einsenkung der Flusssohle durch „wasserbauliche Maßnahmen“ in weiter flussaufwärts gelegenen Abschnitten liegen Daten vor: Einsenkung bei Schwabstadl um 1900 circa 127 cm, in Hurlach um 1919 circa 235 cm und 1940 in Unterbergen circa 320 cm (Bauer 1997). Als Folge der Flusseinsenkung sank das Grundwasser bis weit in die Aue hinein ab, beispielsweise im „Stadtwald Augsburg“ in Flussnähe um zwei bis drei Meter, weiter vom Fluss entfernt bis zu einem Meter (Bresinsky 1962, S. 128).

Auf der Luftaufnahme von 1924 zeigt sich der Lech südlich von Unterbergen noch als Wildfluss („verwildert"). Nördlich davon ist er bereits „korrektioniert".

Staustufen

Nachdem der Physiker Oskar von Miller gegen Ende des 19. Jahrhunderts das Problem der Stromübertragung gelöst hatte, bot sich die Stromgewinnung durch Wasserkraft besonders an den Alpenflüssen mit ihrem starken Gefälle an. Mit dem Bau von Staustufen konnten gleich zwei wichtige Ziele erreicht werden. Einmal trugen sie zur Deckung des stark wachsenden Energiebedarfs bei. Zum anderen verhinderte der Aufstau eine weitere Eintiefung der Flusssohle.

Im Abschnitt zwischen Augsburg und der Donau begann man mit dem Aufstau. Von 1898 bis 1901 errichtete die Lech-Elektrizitäts-AG bei Gersthofen eine Kraftwerksstufe mit einem 80 Meter breiten Wehr. Der ursprünglich eingebaute Fischpass erwies sich als untauglich und wurde bei einem späteren Umbau beseitigt. Gleichzeitig leitete man den Lech in einen 3 Kilometer langen, bis 20–32 Meter breiten und 3,5 Meter tiefen Kanal zum chemischen Werk Hoechst ab, um dort Strom zu gewinnen. 1906 wurde der Kanal von den Lech-Elektrizitätswerken (LEW) bis Langweid verlängert, wo ein weiteres Kraftwerk gebaut wurde. 1922 erfolgte der Bau des Kraftwerkes Meitingen, nachdem der Kanal weiter verlängert wurde und teilweise meterhoch über dem Gelände lag. Dadurch fiel das Lechflussbett nahezu trocken. Wenig Restwasser erhielt es nur durch einige Aubäche und einsickerndes Grundwasser.[1]

Im Zuge der Planung von sechs weiteren Kraftwerken wurde zunächst angestrebt, Lechwasser in den Ludwigs-Kanal (Bamberg-Kelheim) zu leiten. Nach dem 2. Weltkrieg nahm man aus wirtschaftlichen Gründen von diesen und weiteren extremen Plänen[2] Abstand und beschränkte sich auf den Bau von immer noch 4 weiteren Kraftwerken: 1952 Stau Ellgau, 1954 Stau Oberpeiching, 1955 Stau Rain und 1960 Stau Feldheim mit einem besonders großen Aufstau. Alle Kraftwerksbauten wurden nach rein wirtschaftlichen Gesichtspunkten ohne Rücksicht auf den ökologischen Wert des Flusses und seiner Aue geplant und ausgeführt.

Die Staustufen zwischen Füssen und Augsburg baute die BAWAG (Bayerische Wasserkraftwerke AG), die 1940 eigens zur Energiegewinnung aus Wasserkraft gegründet worden war. Laut Vertrag zwischen dem bayerischen Staat und der BAWAG bestand das Ziel des Unternehmens darin, „den Lech auf der Flussstrecke zwischen Füssen und Augsburg im Interesse des Gemeinwohls zur Energieerzeugung auszubauen, sowie die dabei zu

1 Erst in jüngster Zeit wird dem Lech auf Grund neuer Verträge wieder eine geringe Wassermenge belassen.

2 Ursprünglich sollten die untersten Staustufen so gebaut werden, dass bis Meitingen ein Schiffsverkehr möglich sein sollte.

Der Kanal entnimmt dem Fluss nahezu sein gesamtes Wasser: Lechkanal bei Langweid.

errichtenden Kraftwerksstufen in einer wirtschaftlich zweckmäßigen Weise einheitlich zu betreiben". Der Bawag wurde das uneingeschränkte Wasserrecht über einen Zeitraum von über 90 Jahren nach Inbetriebnahme der einzelnen Kraftwerke zugesichert.

Zwischen Füssen und Augsburg errichtete die Bawag eine Kette von 20 Staustufen[1], wobei der Forggensee die Funktion eines Kopfspeichers für die flussabwärts liegenden Staustufen übernahm. Die ganze Kraftwerkskette war so angelegt, dass durch Schwellbetrieb die Stromerzeugung energiewirtschaftlich optimiert werden konnte. Dieses Konzept eines Totalausbaus beinhaltete, dass freie Flussstrecken möglichst ausgeschaltet wurden.[2] Lediglich eine kurze Strecke bei der Litzauer Schleife blieb nach heftigem Widerstand von Seiten des Naturschutzes von einem Aufstau verschont.

Auf die Planungen und die Anlage des Forggensees, der mit 15,2 Quadratkilometern das größte Staubecken am gesamten Lechverlauf ist, soll hier etwas näher eingegangen werden.

Bereits 1898 hatte die Firma Siemens für einen geplanten Aufstau bei Roßhaupten Grundstücke erworben. Dieses Projekt kam aber ebenso wenig zur Ausführung wie die Planung des Königlichen Staatsministeriums des Inneren von 1910, die eine Staumauer von 34 Metern Höhe vorsah. Nachdem 1948 die zuständige Verwaltung für Wirtschaft in Frankfurt das Projekt „Lechspeicher" genehmigt hatte, legte die Bawag umgehend neue Pläne vor. Diese sahen eine Lechumleitung über den Schwansee vor und hätten allein in Schwangau für etwa 1500 bis 2000 Bürger eine Umsiedlung bedeutet. Wegen erbitterten Widerstandes der Bevölkerung wurde die Realisierung schließlich aufgegeben. Mit Unterstützung der Obersten Baubehörde setzte schließlich die Bawag – trotz anhaltender Proteste der betroffenen Bauern und des Naturschutzes – die Errichtung eines Staubeckens in der heutigen Form durch. 1950 begannen die Bauarbeiten, wobei entgegen dem Beschluss des bayerischen Ministerrates die Staumauer an das Ende der Illasbergschlucht verlegt wurde. Im Frühsommer 1954 erfolgte erstmals die Flutung des Beckens. In dem 12 Kilometer langen und bis zu 3 Kilometer breiten „See" versanken 50 bis dahin bewohnte Gebäude, darunter 16 Bauernhöfe mit rund 800 Hektar Wiesen und Feldern und nicht zuletzt einer der großartigsten Naturräume des Alpenvorlandes. Die Weiler Forggen und Deutenhausen gingen vollständig verloren. Am 21. Juni 1954 erhielt das Becken durch eine Erschließung des bayerischen Staatsministeriums des Inneren offiziell den Namen „Forggensee". Enthusiastisch feierten die Befürworter des Projekts Forggensee die Fertigstellung. So schreibt 1955 ein Zeitzeuge zum Bau des Forggenseestaudamms: „Schon die Sperre bei Roßhaupten ist eine gigantische Sache. Unauffällig schmiegt sich der Damm in die Landschaft. Keine kalte und starre Betonmauer stellt sich hier dem Fluss in den Weg und hemmt seinen Lauf. ... Klein, unauffällig und bescheiden schmiegen sich die Bauwerke, die der Stromgewinnung dienen, an den Sperrdamm, der in seiner Gestaltung selber zur Landschaft geworden ist."[3]

Der Ausbau der Lechstrecke von Landsberg bis Augsburg war, wie ein Vertreter der Bawag 1984 einräumt, „lange umstrit-

1 Zur Abfolge der Staustufen vgl. die Grafik S. 26.
2 Bawag 1980, S. 40.
3 Jacob 1955, S. 3.

Von der einstmals als Naturschutzgebiet ausgewiesenen Wildflusslandschaft südlich von Schongau ist bis auf die Litzauer Schleife nach der Überflutung durch die Staustufen nichts geblieben: Blick von der Lechbrücke südlich von Schongau flussaufwärts.

Werbeblatt der Bawag aus dem Jahr 1955

Stauwehr bei Feldheim

Mit der Errichtung der Staustufenkette war der Fluss als Ökosystem „Wildfluss" endgültig zerstört: Staustufe 19.

ten"[1]. Die bayerische Staatsbauverwaltung begrüßte jedoch die „Flusssanierung" durch Staustufen auch in diesem Abschnitt, weil dadurch eine weitere Einsenkung des Flusses im Staubereich verhindert und gleichzeitig die ständig reparaturbedürftigen Sohlschwellen überflüssig wurden.[2] Schlag auf Schlag erfolgte schließlich zwischen 1975 und 1984 der Bau der Staustufen 18–23.

Im Laufe von nur 100 Jahren war damit auf bayerischer Seite aus dem Wildfluss zunächst ein kanalartiges Gerinne und schließlich eine dichte Staustufenkette geworden. Auch hier erfolgten Planung und Bau der älteren Staubecken ohne jegliche Rücksichtnahme auf die ökologische Bedeutung des Flusses.[3] Erst bei den letzten Staustufen 18–23 versuchte man in Teilbereichen durch Ufergestaltung und durch Anlage von Inseln „neue Lebensräume" zu schaffen. Freilich haben diese Biotope nichts mit denen eines Wildflusses gemeinsam.

Der Wandel der Aue

Bis weit ins 19. Jahrhundert hinein war die Wildflussaue ein Naturraum, den der Wildfluss mit seinen Überschwemmungen prägte. Nur Holzfäller und Hirten hatten ihre Spuren hinterlassen, vor allem Heideflächen, die durch Jahrhunderte währende Beweidung[4] und Holznutzung aus lichten Kiefernwäldern entstanden waren.

Schlagartig änderte sich die Situation mit der Verbauung des Wildflusses am Ende des 19. Jahrhunderts und der dadurch möglichen Ausdehnung der Land- und Forstwirtschaft bis weit in die Aue hinein. Der Bericht eines Zeitzeugen von 1898 schildert den Wandel auf dem Lechfeld: „Neben ausgedehnten Strecken dürrer, baumloser Heide erfreuen das Auge blühende Saatfelder, und neben mehr oder minder ertragreichen Wiesen und Kartoffeläckern sind selbst die Anfänge einer hoffnungserweckenden Bewaldung vernehmbar." Über das Lechtal nördlich von Augsburg schreibt er: „Das Torfmoor am rechten Lechufer, das sich mit einigen Unterbrechungen von den

1 Rapp 1984, S. 58.

2 Dazu Rapp 1984, S. 58: „Aus diesem Grunde (= Notwendigkeit der Sanierung der Sohlschwellen) bestand von Seiten der Staatsbauverwaltung ein erhebliches Interesse am Wasserkraftausbau dieser Strecke und es wurde daher auch durch den Freistaat Bayern ein Kostenbeitrag zum Kraftwerksausbau als Ausgleich für die eingesparten Sanierungsmaßnahmen geleistet."

3 Die BAWAG nimmt noch 1980 in ihre Schrift: „Der Lech und der Lechausbau" nicht einmal andeutungsweise Bemerkungen zur Ökologie des Flusses auf, geschweige denn zur Ökologie eines Wildflusses.

4 Nach neuen paläoethnobotanischen Studien hat es bereits in der späten Bronzezeit, um 1200 v. Chr., im Alpenvorland trockene Magerrasen gegeben, die allein durch Einwirkungen des Menschen erklärbar sind (Jäger 1994, S. 119).

Quellen der Paar bis unterhalb Scherneck erstreckt und von Bächen, Wassergräben und Torfstichen nach allen Richtungen durchzogen ist, ist durch zahlreiche Entwässerungsanlagen mehr und mehr in einen fruchtbaren Wiesengrund verwandelt worden.[1]

1953, also ein halbes Jahrhundert später, beklagte Anton Micheler, Regierungsbeauftragter für Naturschutz in Oberbayern, den extremen Landschaftswandel im Lechtal: „Heute beherrscht der Pflug und die gleichförmige Kulturwiese die ehemalig so bunte Heide".[2]

Die zunächst letzte Etappe der Siedlungsgeschichte des Lechtales in unserer Zeit ist von einem bisher nie gekannten Bodenverbrauch durch Überbauung gekennzeichnet. Diese Entwicklung verschont weder wertvollste Ackerböden auf den Hochterrassen noch einstige Auenbereiche.

1 Geistbeck 1898, S. 18.
2 Micheler 1953, S. 62.

Vom Wildfluss zur Seenkette – für und wider

Wohl ausnahmslos hatte im ausgehenden 19. Jahrhundert die Bevölkerung des Lechtales die Zähmung des „wilden Gebirgsstromes" begrüßt. Um dies nachzuvollziehen, muss man sich in die damaligen Verhältnisse zurückversetzen. Bei ausgelaugten Böden war die ausreichende Ernährung der Bevölkerung ein Dauerproblem. So klingt die ständig drohende Unterernährung ganzer Bevölkerungsschichten auch in den Ausführungen an, mit denen 1854 der Vorsteher der königlichen Bauinspektion Augsburg, Joseph Freiherr von Gumppenberg-Pöttmes, beim bayerischen König für eine

Wo am Nördlichen Lech einst ausgedehnte Moore den Fluss begleiteten, liegen heute fruchtbare Felder. Nur die alten Bäume sind noch Zeugen der alten Flusslandschaft.

Verbauung des Lechs warb: „Ferner werden von diesem Gebirgsflusse in dieser Ausdehnung (= zwischen Augsburg und der Mündung in die Donau) bei jedem außerordentlichen Hochwasser 48 000 Tagwerk kultivirte Gründe überfluthet, und von dieser beinahe in jedem Jahr die Getreide- oder Heuernte weggeführt oder verdorben, ohne dass es bei einem so wandelbaren Flusslaufe irgend möglich wäre, Fluthdämme herstellen zu können." Den landwirtschaftlichen Schaden, den der Lech allein in diesem Abschnitt jährlich verursachte, beziffert Freiherr von Gumppenberg-Pöttmes auf 3 Millionen Gulden. Bei seinem Werben für die Lechverbauung weist er auf ein weiteres Problem des 19. Jahrhunderts hin: „In einem Zeitalter, wo so viele unserer Mitbürger aus Mangel an Grund und Boden in entfernte Welttheile auswandern, müsste es auch ein hoher Gewinn sein, so grosse Flächen, welche bisher dem Elemente Preis gegeben waren, für die Cultur erwarten zu können ... ."

Geradezu berauscht, man kann es kaum anders nennen, waren die Wasserbauer am Beginn des 20. Jahrhunderts von den technischen Möglichkeiten, aus Wasserkraft Strom zu gewinnen. Ein beredtes Zeugnis dafür sind die Pläne des Königlichen Staatsministeriums des Inneren von 1910. Neben konkreten Konzepten für die Errichtung des Forggenstausees und einer „Gruppe von Staubecken" im Gebiet des Halblechs legen hier die Ingenieure ihre Vorstellungen zur „Niederwasseraufbesserung" in den Wintermonaten vor. Demnach sollten u. a. der Bannwaldsee, der Alpsee zusammen mit dem Schwansee und der Hegratsrieder See durch eine „systematische Regulierung" dem Lech über zu errichtende Stollen Wasser abgeben. Diese Pläne, die an keiner Stelle auch nur die geringste Rücksicht auf die einmalige Landschaft des Voralpenlandes, geschweige denn auf deren ökologischen Wert erkennen lassen, dürften nicht einer besseren Einsicht, sondern den auch für die Staatsfinanzen verheerenden Folgen des 1. Weltkrieges zum Opfer gefallen sein.

Die schließlich in der Mitte des 19. Jahrhunderts erfolgte Flussverbauung ermöglichte zum einen die land- und forstwirtschaftliche Nutzung des Tales bis weit in die Aue hinein. Zum anderen schuf sie die Grundlagen für eine Energiegewinnung großen Ausmaßes, was für den Aufschwung der Industrie im 19. Jahrhundert wesentlich war. Auch in der Zeit nach dem 2. Weltkrieg, in der die Eingliederung großer Flüchtlingsströme und der Wiederaufbau zerstörter Infrastrukturen als wichtigste gesellschaftliche Herausforderungen verstanden wurden, war Wasserkraft ein wesentlicher Teil der Energieressourcen.

Beim Bau der frühen Kraftwerke standen also ausschließlich wirtschaftliche Interessen im Vordergrund. Bei den später errichteten Staustufen kam zudem das Argument einer effizienten und „sauberen", d. h. emissionsfreien Energiegewinnung zum Tragen. Das heute wichtige Argument der Nutzung regenerativer Energien zur Beeinflussung des Klimawandels war selbst bei Errichtung der jüngsten Staustufen noch nicht thematisiert.[1]

Von Anfang an standen die Naturschützer

1 Abgesehen von kleineren Kraftwerken beträgt die Regelstrommenge pro Jahr: Stau 1–23 (Kraftwerksbetreiber E.ON Wasserkraft GmbH) 1.171 GWh bei einer Gesamtausbauleistung von 259,8 Megawatt und am Unteren Lech (Kraftwerksbetreiber RMD und LEW) 416,2 GWh bei einer Gesamtausbauleistung von 70,63 Megawatt.

des letzten Jahrhunderts auf verlorenem Posten. Bereits die „Korrektion" des Lechs zu einem kanalartigen Flussbett hatte „den Lechbrütern", wie der Ornithologe Anton Fischer 1926 schrieb, „ihr letztes Asyl genommen, die einst so reiche und einzigartige Lechvogelfauna vernichtet". Resigniert endet der Aufsatz *Die Brutvögel auf den Lechkiesbänken*: „... doch ist es für den Vogel- und Naturfreund tiefschmerzliche Tatsache geworden: Man hat unsere Heimat eines kleinen Vogelparadieses beraubt, das eines Schutzes nicht unwert gewesen wäre."

Am meisten verbitterte die Naturschützer der „Vollausbau" des Lechs, d. h. ein Ausbau, der ohne Rücksicht auf das Landschaftsbild und die einmalige Pflanzen- und Tierwelt erfolgte. Die Stauhaltungen zwischen Füssen und Schongau sind bezüglich ihrer Dimensionen und ihrer – bis heute nicht abgeänderten – Bauweise ein beredtes Zeugnis für den rücksichtslosen Umgang mit dem Tal. Zur Überflutung der Illasschlucht sei hier noch einmal der Regierungsbeauftragte für Naturschutz in Oberbayern A. Micheler zitiert, weil aus seiner zeitnahen Schilderung von 1953 unmittelbare Empörung und Trauer über den „größtmöglichen Wasseraufstau" sprechen: „Mit der Einbeziehung dieses Durchbruchs in den künftigen Roßhauptener Speicher hat sich der Kilowatthunger unserer Zeit ein wenig rühmliches Denkmal gesetzt, nachdem die ursprüngliche Projektierung einen geologisch durchaus möglichen Bau der Staumauer bei wesentlich geringerem Höhenaufwand außerhalb des Canons, eben an dem Deutenhausener Sandsteinspiegel, vorgesehen hatte. Vielleicht empfanden die Techniker damals, bevor sie ihre Vernichtungsarbeit begannen, wohl selbst noch die einmalige landschaftliche Schönheit dieses Flussabschnittes und damit auch die Verantwortung gegenüber kommenden Generationen."

Aus naturschutzfachlicher Sicht bleibt letztlich auch die Errichtung des Forggensees ein Desaster. Bei der Grundstückserwerbung war die BAWAG mit den Bauern „nicht gerade zimperlich" umgegangen, wie ein Zeitzeuge noch 2004 berichtet. Und zu den ausgehandelten Ablösungsverträgen sagt er: „Aber all dies konnte wohl nicht über den Verlust der Heimat hinwegtrösten. Über die abgerissenen Höfe, die Wiesen und Felder, auf denen nicht nur einmähdiges Heu, sondern auch Getreide und Kartoffeln geerntet wurden. Über die versunkenen Lechauen, die Viehweide und im Winter Rückzugsgebiet für das Wild waren, auch Abenteuerspielplätze für die Jugend."[1]

An dieser Kontaktstelle zwischen Alpen und Alpenvorland versank endgültig eine in ihrer Art einzigartige Landschaft mit ihrer Pflanzen- und Tierwelt. Das Argument der BAWAG, mit diesem Speichersee lediglich ein Bild wiederherzustellen, wie es nach der letzten Eiszeit zur Zeit des Füssener Sees herrschte, hielt bereits A. Micheler „für reichlich dürftig". Zwar fügt sich der See in den Sommermonaten landschaftsästhetisch in die Voralpenregion ein. In den Wintermonaten, wenn das Stauwasser abgelassen ist und der See trocken fällt, zeigt der Eingriff jedoch sein wahres Gesicht. Inmitten der großartigen Moränenlandschaft liegt dann eine ausgedehnte Schlammwüste, die bei unnatürlichem Wechsel zwischen Gewässer und Trockengebiet keine dauerhafte Besiedlung von Pflanzen und Tieren, nicht einmal eine für voralpine Seen übliche Ufervegetation zulässt. Auf den verspro-

1 Grieser 2004, S. 40.

In den Wintermonaten ist der Forggensee eine einzige Schlammwüste.

chenen – und bei der Totalverbauung des Lechs gar nicht möglichen – Ausgleich für „verloren gegangene Nistplätze" wartet man bis heute vergebens.[1]

Wie wenig damals den Wasserbauern an der Erhaltung selbst allerletzter einzigartiger Flusslandschaften gelegen war, zeigt beispielhaft die jahrelange erbitterte Auseinandersetzung um den Aufstau der Litzauer Schleife. Es ist dem unerschrockenen Einsatz von Professor Otto Kraus, dem ersten amtlichen Naturschützer Bayerns, zu verdanken, dass dieser Bereich entgegen den Plänen der BAWAG heute nicht überflutet ist. Trotzdem sind auch in diesem landschaftlich nach wie vor sehr reizvollen Abschnitt nicht wenige auentypische Pflanzen und Tiere verschwunden, da der Gerölltransport durch den Forggenstausee radikal und die Hochwasserdynamik weitgehend unterbunden ist. Verblieben sind am gesamten Mittleren Lech lediglich sieben Kilometer Fließgewässer, also gerade 10 % der ehemaligen Strecke. Freilich entsprechen auch diese Abschnitte nicht mehr dem ursprünglichen Wildfluss. Bereits 1953 klagte A. Micheler, dass der Mittlere Lech „zu einer völlig landschaftsfremden, dem freien Walten der Natur widerstrebenden, eintönigen Kanaltreppe" umgewandelt worden ist. Heute fließt der Lech durch die Staustufenkette träge gegen Norden, bis er am Ende der oberen Kraftwerkstreppe bei Landsberg wieder eine kurze Strecke fließen kann. Hier trägt er

1 Jacob 1955, S. 15: „... Nistplätze für Vögel sind verloren gegangen. Dieser Verlust muss ausgeglichen werden und zwar durch bewusste und planvolle Hilfe des Menschen."

> Die Auswirkungen der Lechverbauung auf Fluss und Landschaft werden bei einer Gegenüberstellung von heutigen und alten Karten sehr deutlich. (Lech bei Meitingen, oben 1923, unten 1988).

die noch vorhandenen alpinen Geröllreste ab und sägt sich bei fehlendem Nachschub von Kies und Sand bereits in die Schichten der Süßwassermolasse ein.

Auch in den dicht aufeinander folgenden Staustufen 18–23 zwischen Landsberg und Augsburg versanken unwiederbringlich wertvollste Auenbereiche samt ihrem europaweit bedeutenden Schatz an seltenen Pflanzen und Tieren. Zwar hatte man hier – zumindest vorübergehend erfolgreich – die Dämme der Staustufen so gestaltet, dass sich einige, auch seltene Arten der Aue ansiedeln konnten. Entgegen allen Plänen wurden aber die im Staubereich künstlich angelegten Kiesinseln binnen kürzester Zeit so überwuchert, dass sie ihre vorgesehene Funktion als letztes Brutrevier für Flussuferläufer und Flussregenpfeifer sehr schnell verloren.

Diese Entwicklung zeigt beispielhaft, dass Wildflussauen weder machbar noch ersetzbar sind.

Mit dem Landschaftsverlust war ein Artensterben großen Ausmaßes verbunden. Dabei wirkte sich die Verbauung des Lechs besonders auf jene Pflanzen und Tiere katastrophal aus, die sich im Laufe ihrer Entwicklung den extremen Bedingungen einer Wildflussaue angepasst hatten. Deutsche Tamariske und Zwergrohrkolben, die einst bis zur Mündung des Lechs in die Donau vorkamen, verschwanden mit vielen anderen Pflanzen am gesamten außeralpinen Lech sehr schnell und unwiederbringlich. Im kanalisierten und durch Stauwehre jäh unterbrochenen Fluss konnten die einst so berühmten Fischschwärme von Nase, Huchen und Barbe nicht mehr wandern. Zudem sind heute im aufgestauten Fluss, der ökologisch weder einem Fließgewässer noch einem See gleicht, ihre einst kiesigen Laich-

Bis heute sind nahezu alle Staustufenwehre für Fische unüberwindbare Barrieren im Fluss: Stauwehr der Staustufe 12.

plätze verschlammt. Ohne Kiesinseln hatten auch Lachseeschwalbe, Triel und Flussseeschwalbe im „neuen Lech" keine Überlebensmöglichkeit.[1] Dabei blieb das Sterben nicht auf den Fluss beschränkt. Verzögert wirkte sich bei ausbleibenden Hochwasserereignissen und sinkendem Grundwasserspiegel der Flussausbau allmählich auf die gesamte Aue aus. Mit dem Absinken des Grundwasserspiegels versiegten die meisten Quellen. Bäche und Moore trockneten aus. Auwälder verschwanden oder wurden nach und nach zu Forsten umgewandelt. Von den einst so ausgedehnten Heideflächen ließ die fortschreitende Kultivierung nur kleine und weit verstreute Restflächen, insgesamt etwa 1 % der ehemaligen Fläche, zurück. Wo bis weit ins letzte Jahrhundert im Unteren Lechtal Heideflächen zur Zeit der Enzianblüte blau leuchteten, dehnen sich heute Maisfelder, Siedlungs- und Gewerbegebiete aus und Straßen zerschneiden die Landschaft.

Die „Biotopbrücke Lech", die ein für ganz Mitteleuropa wichtiges Verbundsystem darstellte, liegt heute in Trümmern. Dabei zählte noch vor gut einem Menschenalter der Lech zu den Zentren der Biodiversität in Mitteleuropa.

1 Von den einstigen Kiesinseln und -bänken im Unteren Lechtal ist lediglich 1 % geblieben.

Es bleibt unbestritten, dass gerade in dem von periodischen Hochwasserkatastrophen heimgesuchten Lechtal ein umfassender Hochwasserschutz unumgänglich war. Unbestritten ist ebenso – gerade angesichts der gegenwärtigen Klimaveränderung –, dass heute Wasserkraft als Energiequelle unverzichtbar ist. Der kompromisslose Flussausbau, der keinerlei Rücksicht auf die Landschaft und Artenvielfalt des Wildflusses nahm, hatte aber die Zerstörung eines europaweit einmaligen Ökosystems zur Folge. Alle unabhängigen Naturschutzfachleute waren sich von Anfang an sicher, dass ein behutsamerer Ausbau die desolaten Folgen für Landschaft sowie Pflanzen- und Tierwelt abgemildert hätte. Bis heute sind nachträgliche Verbesserungen des Flussausbaus – wenn überhaupt – nur marginal erkennbar. So ist es bezeichnend, dass die 20 Staustufen zwischen Füssen und Augsburg und die 4 Staustufen am Nördlichen Lech lediglich ein funktionsfähiges Umgehungsgerinne an der Staustufe 8a bei Kinsau aufweisen. Während die Uferzonen und Stauwurzelbereiche der älteren Staustufen nicht einmal Ansätze einer ökologisch ausgerichteten Gestaltung aufweisen, werden die Wurzel- und Uferbereiche der neuen Staustufen durch einen alle Staustufen umfassenden Schwellbetrieb erheblich beeinträchtigt. Allerletzte Fließstrecken harren selbst in international bedeutenden Naturschutzgebieten wie dem „Stadtwald Augsburg" noch immer einer Renaturierung.

Bis in jüngste Zeit sind selbst hochwertigste Schutzgebiete noch immer nicht vor weiteren Flussverbauungen sicher. So legte die Österreichische Bundesbahn, der Betreiber des Spullerseekraftwerkes in Vorarlberg, 2008 Pläne zur Genehmigung der Ableitung dreier Quellbäche des Lechs über die Wasserscheide Donau/Rhein in den Spullersee vor. Bei Umsetzung dieser Pläne würden dem Lech, insbesondere der Wildflusstrecke Tiroler Lech, jährlich circa 25 Millionen Kubikmeter Wasser entzogen.[1] Auch am bayerischen Lech müssen sich bis heute Naturschützer gegen neue Planungen selbst in hochwertigsten Naturschutzgebieten wehren, und dies, obwohl nach Meinung unabhängiger Experten die ökologisch sinnvolle Ausnützung von Wasserkraftanlagen in Bayern ausgeschöpft ist. So plant die E.ON Wasserkraftwerk GmbH am Flusskilometer 50,4 im Naturschutz- und FFH-Gebiet „Stadtwald Augsburg" an einer Sohlschwelle die Errichtung eines neuen Kraftwerkes. Die Umsetzung dieses Planes, gegen den sich regional und überregional ein massiver Widerstand weit über die Naturschutzverbände und -vereine hinaus formiert hat, würde eine dringend nötige Renaturierung der letzten großen Fließstrecke des bayerischen Lechs verhindern. Damit hätte dieses Projekt nach Ansicht unabhängiger Experten nicht nur für den Fluss, sondern für das ganze Schutzgebiet unabsehbare Folgen.[2]

1 Gegen dieses Vorhaben, das die Tiroler Landesregierung 2009 trotz erheblicher Bedenken von Fachleuten und internationalem Protest genehmigt hat, haben unter der Federführung von WWF-Österreich, der Arbeitsgemeinschaft Tiroler Lechtal und der Bürgerinitiative „Ob-Acht Lechtal" eine Vielzahl weiterer in- und ausländischer Naturschutz- und Umweltverbände bei der EU Beschwerde eingereicht. Zum Zeitpunkt der Drucklegung des Buches ist der Ausgang offen.

2 Auch bei diesem Genehmigungsverfahren ist der Ausgang offen.

Die Nase hat ihren Namen von ihrem einer Nase ähnlichen knorpeligen Oberkinnladen. Sie war früher wegen ihres massenhaften Auftretens zur Laichzeit ein wichtiger Bestandteil in der Ernährung der Lechanwohner. Nach der Verbauung des Lechs steht sie heute vor dem Erlöschen.

Die Nase

Wie desolat sich die Flussverbauung auf wandernde Arten ausgewirkt hat, lässt sich am Beispiel der Nase zeigen, eines Fisches, der früher zur Laichzeit in großen Schwärmen flussaufwärts zog. Die Regelmäßigkeit des viel beschriebenen Fischzuges schlug sich in einem alten Sprichwort nieder: „Wann der Frühling anmuthig reich, jetzt gibt es auch die Nasenlaich."

Der Augsburger Pfarrer Gottlieb Tobias Wilhelm hat dieses alljährlich stattfindende Naturereignis im Jahr 1800 in seinen *Unterhaltungen aus der Naturgeschichte* festgehalten: „In ungeheuren Zügen erscheinen die Nasen zur Laichzeit bey Augsburg, und bereiten den Fischern einen reichen Fang. In glücklichen Jahren kann man auf dreyßig bis vierzig Tausend Stücke rechnen, die sie bekommen. Die Fischer haben die Bemerkung gemacht, dass mehrere Nasen im Kiesboden wühlen, und dann ihren Laich an Steine spritzen, wo er sich sogleich fest anklebt. In einigen Wochen sieht man eben da, wenn das Wasser recht klar ist, kleine Wolken emporsteigen, was nichts anders als der belebte Laich ist." In *Brehms Tierleben* von 1892 ist zu lesen: „Während der Laichzeit geben ihre Massenversammlungen zu reichem Fange Veranlassung. In der Wertach bei Augsburg werden ... häufig innerhalb 2–3 Wochen gegen 15 000 kg und darüber erbeutet." 1935, also kein halbes Jahrhundert später, schreibt Wolfgang Freiherr von Schaezler, „dass die Nasen vom Lech nicht mehr wie früher aufsteigen können, wo sie sich zur Laichzeit in ungeheuren Mengen in den Seitengewässern des Lechs befanden, [...] daß sie beim Fangen aus dem Wasser ausgeschaufelt wurden".[1] Heute gibt es im Lech nur noch wenige und überalterte Nasenpopulationen. Sie sind hier, ähnlich wie in anderen einstigen Wildflüssen, akut vom Aussterben bedroht.

Die Gründe für diese dramatische Entwicklung vom „Massentier" zur hochgradig bedrohten Art sind leicht zu erkennen. Durch die Stauwehre ist der Nase der Zugang zu den flussaufwärts gelegenen Laichplätzen unüberwindbar versperrt. Diese Laichplätze sind heute bei ausbleibendem Geröllnachschub und träge fließendem Wasser zudem verschlammt und damit für Kiesablaicher wie die Nase verloren. Auch Stillwässer im Flussbereich, auf die die Jungfische der Nase angewiesen sind, gibt es heute nicht mehr.

Dabei ist die Nase eine typische „Zeigerart", d. h. ihr sich abzeichnendes Erlöschen steht stellvertretend für den Verlust unzähliger weiterer Arten, vom Huchen, dem größten Fisch des Lechs, bis zum versteckt im Kies lebenden Käfer.

1 Oelwein 2005, S. 276.

8. Der „alte Lech“

Von der Wildflusslandschaft des „alten Lechs“ gibt es aus dem 18. und 19. Jahrhundert so gut wie keine bedeutenden Gemälde, obgleich Flusstäler in der Romantik ein überaus beliebtes Motiv waren.[1] Ganz offensichtlich hat der Lech mit seinen weiten Kies- und Sandbänken, seinen kargen Heiden und schütteren Kiefernwäldern in keiner Weise dem damaligen Landschaftsideal lieblicher Täler mit sanften Hügeln, Weinbergen und Burgen entsprochen.

Den besonderen landschaftlichen Reiz der Lechaue erkannten naturwissenschaftlich interessierte Bürger des 19. Jahrhunderts. Die wichtigsten Zeugnisse vom „alten Lech“ stammen aus der ersten Hälfte des 20. Jahrhunderts, aus einer Zeit also, wo die Verbauung des Wildflusses schon weit fortgeschritten oder bereits abgeschlossen war. Es sind Landkarten, Berichte und Fotografien, welche die alte Flusslandschaft sehr eindrucksvoll festhalten.[2]

„... wundervolle Strecken“

Dabei war der Lech auch in seinem Verlauf in Bayern bis weit ins 19. Jahrhundert hinein ein Wildfluss mit Landschaftsbildern, die für das ganze Alpenvorland einmalig waren. Dazu zählte die weiträumige Aue im Bereich des heutigen Forggensees, der Nahtstelle zwischen Alpen und Alpenvorland. Hier blühten im Sommer auf den Kiesbänken viele vom Lech angeschwemmte Alpenblumen und standen im Winter die Hirsche aus den Bergen ein. Unmittelbar an die Wildflussaue grenzte ein reiches Kulturland mit den einstigen Weilern Deutenhausen und Forggen, mit großen Bauernhöfen, mit Viehweiden und Feldern. Eingerahmt war dieses Landschaftsbild im Süden von Gebirgszügen der Alpen und im Norden vom sanften Höhenzug des Illasberges.

Unmittelbar nach dieser Flussstrecke durchbrach der Lech in der für das voralpine Hügel- und Moorland einzigartigen „Illasschlucht“ den Illasberg. Die Schluchtwände boten besondere geologische Aufschlüsse und gleichzeitig Nischen für seltene Pflanzen und Tiere. Otto Kraus, der als erster amtlicher Naturschützer Bayerns über Jahrzehnte für den Erhalt der Illasschlucht gekämpft hatte, soll 1954, so berichten Zeitzeugen, mit Tränen in den Augen seinen Studenten von der Überflutung durch den Forggenstausee berichtet haben.

Die größte Umlagerungsstrecke des Lechs lag südlich von Augsburg auf dem Lechfeld. Bis zu vier Kilometern weitete sich hier das flache und weit verzweigte Flussbett. Westlich schloss sich an das Schotterbett die größte Heidefläche Süddeutschlands an.[3] Über Jahrtausende trieben Wanderschäfer ihr Weidevieh,

1 Zu den wenigen Ausnahmen zählt ein Gemälde von Johann Georg von Dillis (1759–1841), das das Lechtal südlich von Kinsau mit Blick auf die Zugspitze darstellt. Bezeichnend ist, dass dieses Landschaftsbild lange als „Isar-Landschaft“ angesehen wurde, obwohl die Landschaft mit ihren eindeutig identifizierbaren Orten Epfach und Apfeldorfhausen zweifelsfrei dem Mittleren Lechtal zuzuordnen ist. Im 20. Jahrhundert hat der Maler Johann Mutter (1902–1974) aus Landsberg eine Reihe von Gemälden mit Lechlandschaften geschaffen. Die Mehrzahl dieser Gemälde besitzt das Neue Stadtmuseum Landsberg a. Lech.

2 Die wohl umfassendste Sammlung alter Fotografien besitzt mit dem Nachlass von Heinz Fischer (1911–1991) die Stadt Königsbrunn.

3 Sendtner 1854: „Beispiele solcher (= süddeutscher Heiden) sind die Ebene von Garching, in grossartigstem Maase das Lechfeld. ... jedenfalls stehen das Lechfeld und die Garchingerhaide unter diesen Bildungen in Südbayern obenan; ihre Ausdehnung ist die grösste, der

vor allem Schafe und Ziegen, über dieses karge Land. Die Tiere lieferten Milch, Fleisch und die von der Augsburger Textilindustrie begehrte Wolle, bis in den 50er Jahren des 20. Jahrhunderts der letzte Wanderschäfer seine Tätigkeit einstellte.

Unmittelbar in der Umgebung der alten Reichsstadt Augsburg bestimmten neben dem Wildfluss auch Lechkanäle die Landschaft, wie aus dem Reisebericht von Johann Nepomuk Hauntinger aus dem Jahr 1784 hervorgeht: „Wir kamen nun durch und zwischen lauter Wasserkanälen und ungebauten Moosen durchs Rote Tor in das schöne Augsburg …".

Noch Mitte des 19. Jahrhunderts war die Wildflussaue selbst in Stadtnähe weitgehend unberührt. Wilhelm Heinrich Riehl schildert sie 1859: „Unmittelbar aus einer Wüstenei von Geröll-Bänken und sumpfigen Auen mit Gestrüpp und Buschwald fließt der Lech in den Burgfrieden Augsburgs, und so wie er diesen verlässt, begleitet ihn auch wieder die gleich wilde Natur."[1]

Nördlich von Augsburg lagen besonders an der Ostseite des Flusses ausgedehnte Moore und Auwälder mit Quellen, Bächen und Altwässern. Um von St. Stephan nach Langweid zu kommen, musste man sich, wie sich ein Zeitzeuge erinnert, durch einen Fergen über nicht weniger als 5 Altwasser setzen lassen.[2] Der Lech hatte hier weit im Flachland an Kraft verloren. Doch blieb er noch immer unstet und wild, wie Hermann Oblinger 2001 in dem Buch *Der Nördliche Lech* anschaulich schildert: „Im übrigen pendelte der Lech in dem letzten Jahrtausend in seinem tiefer gegrabenen Bett hin und her, verzweigte sich, grub seine Rinnen und Nebenarme mal hier, mal da, schüttete Inseln und Halbinseln (Kiesbänke) auf und räumte sie zum Teil beim nächsten Hochwasser wieder weg, bildete Flussschlingen (Mäander) und durchstieß sie wieder, um anderwärts neue zu bauen. Er unterspülte die Ufer und trat bei Hochfluten weit über diese Ufer hinaus."

„Zum letzten Mal …"

Staunend lesen wir heute, was frühe Forscher und Naturbegeisterte über die überaus reiche Pflanzen- und Tierwelt des alten Lechs berichten.

Wie reich allein die Vogelwelt der Lechkiesbänke südlich von Augsburg, im Bereich des heutigen Naturschutzgebietes „Stadtwald Augsburg", noch zu Beginn des letzten Jahrhunderts war, erzählt Anton Fischer: „In dichten Massen, flogen vor unserer Landung (Anm.: mit dem Boot auf einer Kiesinsel) die zu vielen hunderten brütenden Möwen auf … Nest an Nest stand hier wieder an so manchen Stellen so dicht nebeneinander, dass man Mühe hatte keine Eier zu zertreten … Auf dem in der Nähe gelegenen grasarmen, breiten Kiesrücken hatten sich Lach- und Flussseeschwalben, einige Pärchen Rotschenkel und Kiebitze angesiedelt … ."

Eine Generation später sollte Heinz Fischer, der Sohn Anton Fischers, den Untergang dieser Welt erleben: „Zum letzten Mal haben wir den Schrei einer Lachseeschwalbe 1930 gehört, aber kein Nest mehr gefunden. Aeolopus tergestinus, einen äußerst seltenen Heuschreck …, den ich erst 1936 auf den Lechkiesbänken gehört hatte, sah ich 1941 zum letzten Mal. Eine Uferwanze, Teloleuka nobilis, die ihr nächstes Vorkommen erst wieder in Ungarn hatte, habe ich am 20.09.1936 in der Höhe von Siebenbrunn entdeckt

Charakter der süddeutschen Haide ist am ausgeprägtesten …".

1 Riehl 1859, S. 265/266.

2 Freiherr von Schaezler, von 1957, S. 1 ff.

und dann nie mehr gesehen. Eine kleine Schmuckfliege, Hypochra albipennis ..., die bisher nur in wenigen Stücken aus Griechenland und Italien bekannt war, konnte ich am 4.08.1937 auf den Kiesbänken bei der Moosquelle fangen – ich habe nie mehr eine beobachtet.“

Unwiederbringlich waren in den Fluten der Stauseeen zwischen Schongau und Landsberg – wie anderswo auch – botanische Kostbarkeiten versunken. Anton Micheler, der den „alten Lech“ noch kannte, berichtet 1953 davon: „Außerordentlich reich waren hier einst die Auwaldverbände 1 km unterhalb Schongau, bei Lechmühlen, südlich Pitzling und bei Dornstetten. Zu den besonderen Kostbarkeiten zählten dort schlankwüchsige Wacholder bis zu 6 m Höhe, große Kolonien des Frauenschuhs (Cypripedium Calceolus) und des Kaisers Karls Szepters (Pedicularis Sceptrum Carolinum), der österreichische Rippensame (Pleurospermum austriacum), der duftende Purpurteppich des Heideröschens (Daphne cneorum), das Alpenfettkraut (Pinguicula alpina), die Bienen- und Fliegenragwurz (Ophrys apifera und muscifera) sowie die weißblütige Form des rauhen Enzians (Gentiana aspera). Diese Gesellschaften sind untergegangen. Sie können von keinem Landschaftsgestalter, und sei er noch so tüchtig, weder ersetzt noch nachgeahmt werden.“

Kaum glaublich erscheint heute die Schilderung des Freiherrn von Schaezler, der sich 1957 an die ursprüngliche Tierwelt im Lechtal nördlich von Augsburg erinnert: „Streuwiesen und einmähdige Wiesen boten für Spielhähne (= Birkhähne) die schönsten Balzplätze, zumal zahlreiche Birken sich dort befanden. Von den Fens-

Im Zeitgeschmack des späten 19. Jahrhunderts und wenig realistisch: Lechlandschaft in Tirol bei Vorderhornbach (Stich von 1887)

Das Lechtal mit Blick auf die Zugspitze
(Johann Georg von Dillis, vor 1810)

Das Lechtal im Bereich des heutigen Forggensees zählte zu den großartigsten Flusslandschaften des gesamten nördlichen Alpenvorlandes: Blick vom Deutenhausener Steg nach Süden, um 1950.

Umlagerungsstrecke und Aue im Bereich des heutigen Forggensees vor der Flussverbauung (undatiertes Foto)

tern des Schlosses (Anm.: = Schloss Scherneck) aus konnte man an ruhigen Tagen, insbesondere an Feiertagen, bei gutem Wind in aller Frühe mit gutem Gehör das Lied der Spielhähne hören. ... Als allererstes hörte man den Ziegenmelker, dann die hochbeinigen Moosgrillen mit ihren geschwungenen Schnäbeln (= Brachvögel). ... Auch die Spielhähne vernahm man schon vor Tag. Erst, wenn es allmählich heller wurde, konnte man sie kämpfen sehen. Auf den Balzplätzen war bei gutem Wetter oft ein Dutzend Hähne festzustellen. Noch vor dem Umbruch der Streuwiesen zu Wiesen bzw. Äckern und dem Einschlag der Birken ritten die Spielhähne, deren Ruhe für immer gestört worden war, ab. Ebenso verließen Kiebitze und Bekassinen auf immer ihre Heimat, in die erst viel später der Mensch vorgedrungen war."

Heinz Fischer hat im Jahre 1966 unter dem Titel „Der alte Lech" einen literarischen Nachruf auf den unverbauten Fluss mit seinen einmaligen Naturräumen geschrieben: „Es war einmal – Wie ein Märchen beginnt die Kunde vom alten Lech. ... An die Lechstrecken unterhalb Augsburg erinnert sich niemand mehr – sie ist schon seit über hundert Jahren „korrektioniert". Das letzte Floß ist 1910 den Lech herunter gekommen, von den alten Flößern lebt keiner mehr. Wer sich noch an den Lech oberhalb Augsburg erinnern kann, ist wenigstens 50 Jahre alt, denn hier haben sich die Betondämme bereits 1928 geschlossen. Und auch die wundervollen Strecken hinauf bis Füssen sind alle schon mehr als zehn Jahre vernichtet."

Im 1954 aufgestauten Forggensee versanken zusammen mit einer einzigartigen Wildflusslandschaft auch die Weiler Forggen und Deutenhausen (Foto: Deutenhausen, 14.10.1950).

Im Laufe von Jahrtausenden hatte der Lech die Illasschlucht geschaffen. Sie galt als eine der eindruckvollsten Landschaftsbilder im gesamten Voralpenland (Foto um 1950/51).

Von Kies- und Sandbänken gesäumt durchfloss der Lech in weiten Schleifen das voralpine Hügel- und Moorland: Lech oberhalb des Kreuter Stegs südlich von Schongau, 6.6.1949.

„Bei der Kissinger Insel" nannte der Fotograf H. Fischer sein Foto vom 23. Sept. 1936.

Das einstige Landschaftsbild des Lechtales zwischen Landsberg und Augsburg wird aus der Karte von 1823 deutlich: Östlich an das aufgefächerte Flussbett schließt sich die ausgedehnte Heide des Lechfeldes, die größte Heidefläche Süddeutschlands, an.

Nest der Lachseeschwalbe an angeschwemmtem Wurzelwerk mit zwei Dunenjungen und einem Ei (22.6.1925)

Junge Triele auf einer Lechkiesbank bei Augsburg (um 1925)

Flussseeschwalbe bei Flusskilometer 53 bis 54 (um 1925)

Nest der Flussseeschwalbe unter Deutscher Tamariske bei Flusskilometer 52 bis 53 (um 1925)

Die Lechlandschaft südlich von Augsburg zählte zu den großartigsten Wildflusslandschaften des gesamten Alpenvorlandes. Sie war Lebensraum für eine Vielzahl seltener und seltenster Arten (Foto: Lech am Lochbachanstich, 15.5.1915).

9. Was geblieben ist

Trotz tiefgreifender Verluste, die der Fluss durch „wasserbauliche Maßnahmen“ erlitten hat, ist das Lechtal noch immer ein äußerst vielfältiger Lebensraum. In seinen einzelnen Abschnitten, dem Oberen, Mittleren und Unteren Lechtal, weist es auch heute noch völlig verschiedene und jeweils sehr charakteristische Landschaftsbilder mit letzten – und deshalb besonders wertvollen – Resten der Wildflussaue auf. Die Naturräume, die zunächst den Alpenraum, dann die sanft hügelige Moränenlandschaft der Voralpen und schließlich die großen Ebenen nördlich von Landsberg umfassen, sind zudem sehr unterschiedlich geprägte Kulturräume. Erhalten haben sich besonders in den Seitentälern des Oberen Lechtales die typischen Bergdörfer. Geblieben sind auch im alpinen Haupttal die bunten Wiesen und an den Hängen die noch immer bewirtschafteten Bergmähder. Die Jahrhunderte alte Tradition des Handwerks führen zahlreiche Holzschnitzerwerkstätten fort. Das Land zwischen Füssen und Hohenfurch ist ganz vorwiegend ein Wiesenland, in dem die Viehzucht dominiert. Das Untere Lechtal ist dagegen, von Resten der alten Landschaft abgesehen, heute überwiegend Ackerland. Den Ballungsraum um Augsburg prägt vor allem die Industrie, die hier in langer Tradition bis zu den Anfängen der modernen Wasserkraftnutzung sich mehrfach und grundlegend geändert hat.

Der folgende Abschnitt soll den Leser gleichsam zu einer Wanderung von den Quellen bis zur Mündung des Lechs in die Donau einladen, wobei nicht die ganze Wegstrecke, sondern jeweils für die einzelnen Flussabschnitte charakteristische Bilder beschrieben werden. Ganz im Vordergrund stehen dabei die heutigen Naturräume. Dabei ermöglicht die Kenntnis der Flussgeschichte – vom Eiszeitgletscher bis zum Wildfluss und vom Wildfluss bis zur Staustufenkette – eine differenziertere Wahrnehmung der Landschaft. Ebenso wichtig ist für das Verständnis der heutigen Flusslandschaft die Geschichte ihrer Besiedelung, die hier freilich nur skizzenhaft dargestellt werden konnte. Außer Acht bleiben die kulturellen Sehenswürdigkeiten, die, wie die Städte Füssen, Schongau, Landsberg und Augsburg, nicht nur landschaftlich, sondern auch historisch gesehen eine enge Verbindung zum Lech aufweisen. Das könnte nur ein eigenes „Lech-Kultur-Buch“ leisten.

Die Gebirgsregion

Lechquellengebirge heißt der Gebirgszug, in dem der Lech hart an der Wasserscheide von Rhein und Donau entspringt. Wasser erhält der Obere Lech zudem aus den zahlreichen Quellbächen der Lechtaler und Allgäuer Alpen. Geologisch gesehen zählen alle drei Gebirgszüge zu den kompliziertesten Regionen der Erde. Entsprechend vielgestaltig ist auch ihr Landschaftsbild. Sanft geformte Grasberge aus weichem tonigem Material wechseln mit schroffen und kahlen Felsen der Dolomitberge, rote und bunte Jurakalke mit grün bewachsenen Kreideschiefern und gelbe und rote Sandsteine der Aptychenschichten mit hellen Riffkalkgipfeln.

Während die anhaltende Auffaltung des Gebirges, etwa 1–3 mm pro Jahr, sich der Möglichkeit einer direkten Beobachtung entzieht, sind die Zeichen der abtragenden Kräfte überall deutlich. Gewaltige Schutthalden unter schroffen

In den Nördlichen Kalkalpen ändern sich nicht selten innerhalb weniger Meter die geologischen Verhältnisse. Entsprechend bunt ist das Bild ihrer Pflanzengemeinschaften.

Felsregionen, Muren und Rutschungen von Steilhängen sowie Abbrüche großer Gesteinsmassen künden vom ständigen Wandel der Landschaft. Treibende Kraft der Erosion ist vor allem das Wasser. Als Eis sprengt es ganze Felsen. Zur Zeit der Schneeschmelze oder nach starken Regenfällen stürzt es in tiefen Rinnen und über Wasserfälle zu Tal. Dabei reißt es neben Erdreich tonnenweise Steine mit sich.

Berühmt sind die Berge des Lechs, das Lechquellengebirge und die Lechtaler sowie Allgäuer Alpen, wegen ihres Reichtums an Pflanzen und Tieren. Dabei entspricht die komplizierte Geo-

logie des Gebirges einer geradezu unerschöpflich wirkenden Vielfalt von Lebensgemeinschaften. Nicht selten wechselt an ein- und derselben Bergflanke die Vegetation innerhalb weniger Meter von kargen Fels- und Schuttfluren zu moosigen Quellgebieten, von bunten Zwergstrauchregionen zu feuchten Senken, von üppigen Hochstaudengesellschaften zu blumenreichen Matten oder zu kahlen Felsen, auf denen nur wenige Flechten und Moose wachsen. Einige der hier lebenden Pflanzen- und Tierarten haben sich den Bedingungen der Bergwelt so eng angepasst, dass sie nur in klimatisch extremen Zonen leben können, in Felsspalten oder auf Geröllhalden, auf einem schmalen steinigen Grat, im Bett eines Wildbaches oder in einem „Schneetälchen", in dem bis weit in den Bergsommer hinein Frost herrscht.

Aus den Schutthalden der Felsenregion stammt zum großen Teil das Gerölle des Lechs: Schutthalde unter der Feuerspitze in den Lechtaler Alpen.

Der Alpensteinbock, vor 200 Jahren bis auf einen Restbestand von wenigen Tieren in den italienischen Alpen ausgerottet, ist wieder in die Berge des Lechs zurückgekehrt. Seine Wiederansiedelung im Lechquellengebirge ist eine beispielgebende Erfolgsgeschichte.

In der Pflanzenwelt der Berge spiegelt sich die große Vielfalt der unterschiedlichen Standorte wider:

1. Berghauswurz und Trauben-Steinbrech auf kleinem Felsen
2. Echtes Alpenglöckchen in Schneetälchen
3. Schweizer Mannsschild in Felsspalte
4. Stengelloses Leimkraut auf kleiner Felsplatte
5. Alpen-Aster auf alpinem Rasen
6. Rundblättriges Täschelkraut auf Schutthalde
7. Langsporniges Veilchen auf kurzrasiger Weide
8. Stengelloser Enzian auf moorigem Grund.

Es ließen sich viele weitere Beispiele aufführen.

2

Die Pflanzenwelt eines kleinen Felsens inmitten eines alpinen Rasens steht beispielhaft für die Vielfalt unterschiedlicher, eng benachbarter Lebensräume. Umgeben von den Pflanzen alpiner Matten überwachsen Flechten, Berg-Hauswurz und Trauben-Steinbrech den Fels.

3

4

5

6

7

8

In einer grandiosen Bergwelt liegt in 1790 Meter Höhe der Formarinsee auf der europäischen Wasserscheide Rhein/Donau.

Die Quellen

Großartig ist die Kulisse um das Quellgebiet des Lechs. Von Bergflanken umgeben liegt am Ende eines Hochtales der Formarinsee. Gegen Nord-West riegelt die Rote Wand den Talkessel ab. Auf der gegenüberliegenden Talseite erhebt sich der Formaletsch wie ein riesiger Thron.

Gänzlich undramatisch zeigt sich jedoch die Senke unter der Formarin-Alpe, in der in 1840 Metern Höhe laut geografischer Karte die Lechquelle entspringen soll. Doch im Frühjahr sind hier lediglich ein paar sumpfige Wasserlöcher, einige schwache Karstquellen, mehrere Rinnsale vom Berghang und ein rauschender Bach von der Bergflanke des Formaletsch zu sehen. Des Rätsels Lösung hat Peter Nasemann in seinem Buch *Der Lech im Gebirge* prägnant zusammengefasst: „Die Lechquelle gibt es nicht". Anstelle einer Quelle liegt hier vielmehr ein ganzes Quellgebiet, das sein Wasser durch ein unterirdisches Kluftnetz vor allem aus den weiten Karstflächen des Formaletsch und dem Dolinenfeld *In der Eng* zwischen der Roten Wand und den Gaisköpfen erhält. Nach der Schneeschmelze schütten bis weit in den Sommer hinein die Quellen so viel Wasser aus, dass sich bereits nach wenigen Metern ein kräftiger Gebirgsbach bildet. Der nahe gelegene Formarinsee gibt durch unterirdische Spalten ebenfalls Wasser zum Lech ab. Dieses tritt aber erst weit unterhalb der Karstquellen aus, da die mittlere Höhe des Sees mit 1790 Metern deutlich tiefer als der Quellhorizont selbst liegt. In trockenen Spätsommern versiegen nicht selten die Quellen, sodass dann das Bachbett erst gute 100 Meter tiefer Wasser führt. Dann „entspringt" der Lech in einer Schuttquelle, die im Talgrund um 1700 Meter Höhe liegt.

Ungemein vielgestaltig ist das Bild der Quellen, die in den Lechtaler und Allgäuer Alpen die Seitenbäche des Lechs speisen. Sie lassen ahnen, wie zerklüftet

Im Frühling entspringen unter der Formarin-Alpe einige Quellen, die schon nach wenigen Metern einen kräftigen Gebirgsbach bilden.

das Innere der Kalkalpen sein muss, wo weit verzweigte Spalten ganze Bergzüge durchziehen und Wasser für kräftige, aber unregelmäßig schüttende Karstquellen sammeln. Nicht selten versiegen diese Quellen während Trockenzeiten, insbesondere während der Frostperiode, um zur Zeit der Schneeschmelze bis in den Spätsommer hinein wieder zu sprudeln. Andernorts sickert das Wasser nur langsam durchs Gestein, bis es durch Wasser stauende Schichten an die Oberfläche geleitet wird. Hier entstehen überwiegend Quellhorizonte, die auch über Trockenzeiten hinweg gleichmäßig Wasser abgeben. Auch in strengen Wintern frieren sie, selbst wenn sie nur aus Rinnsalen bestehen, nicht zu. Sie bilden dank ihres ausgeglichenen Mikroklimas einen ganz eigenen Lebensraum für Pflanzen, vor allem für Moose und den Sternsteinbrech, aber auch für seltene Wasserinsekten. Einzigartig sind die Quelltöpfe der Sieglseen inmitten einer weitgehend unberührten Berglandschaft. Ihr kalkgesättigtes Wasser ist von einem intensiven Blau, das einem geradezu die Sprache verschlägt.

Karstquellen schütten besonders nach der Schneeschmelze sehr stark. Im Winter versiegen sie teilweise: Karstquelle im Schwarzwassertal.

Quellen, die im Bereich stauender Schichten austreten, sind sehr beständig. Sie bieten verschiedenen Pflanzen, vor allem Moosen, und hoch angepassten Wasserinsekten einen eigenen Lebensraum.

› Die Sieglseen, zwei Quelltöpfe im Schwarzwassertal, sind dank ihres kalkgesättigten Wassers von einem unbeschreibbaren Blau.

In Vorarlberg durchfließt der Lech zunächst ein weites Trogtal.

Der junge Lech und seine Seitenbäche

Vielgestaltig wie die Quellen sind auch die Gebirgsbäche, die jeweils nach den geologischen Verhältnissen „ihr" Tal wesentlich mitgestalten. So durchfließt der Lech selbst in Vorarlberg zunächst ein breites Trogtal, bis er sich nach der Ortschaft Lech in eine weitgehend unbegehbare klammartige Schlucht eingräbt.[1] Zwischen den Orten Warth und Steeg wird die Schlucht so tief, dass sie nur an wenigen Stellen einsehbar ist. Unablässig nagt hier noch immer das Wasser am Gestein. Es stürzt über Kaskaden, bildet tiefe Gumpen und umspült von den Wänden herabgestürzte Felsbrocken. Oberhalb der Schlucht bedecken Wälder die Talflanken. Wo die Geländeformationen sanfter sind, haben die zugewanderten Walser schon im 14. Jahrhundert durch Rodungsarbeit Raum für Bergwiesen, die sogenannten Mähder, geschaffen. Über der Baumgrenze erstrecken sich Matten und Kare und gegen die Horizontlinie schließlich ausgedehnte Grate sowie schroffe Berggipfel.

Abgesehen von einem Abschnitt in der Ortschaft Lech, durchfließt der Lech bis zu seinem Austritt aus seiner Schlucht beim Weiler Prenten ein naturbelassenes Bachbett. Unterhalb von Steeg weitet

1 Kartografen nennen den ersten circa 10 Kilometer langen Abschnitt des Lechs „Formarinbach". Erst nach dem Zusammenfluss mit dem Spullerbach nahe beim Ort Lech heißt der Bach dann „Lech". Es hat sich aber eingebürgert, die Quelle und den Verlauf des Formarinbaches als „Lechquelle" beziehungsweise als „Lech" zu bezeichnen.

Unablässig gräbt sich der Lech in der engen und tiefen Schlucht zwischen Warth und Steeg weiter ein.

> Viele Wildbäche stürzen in ihrem Oberlauf als Wasserfälle zu Tal: Wasserfall zwischen Roßkarsee und Gramais.

sich das Tal. Hier beginnt das Landschaftsbild, das wir mit dem „Tiroler Lech" verbinden.
Auch die zuführenden Bäche aus den Allgäuer und den Lechtaler Alpen haben ihr jeweils charakteristisches Erscheinungsbild. Manche stürzen tosend über hohe Wasserfälle zu Tal, besonders eindrucksvoll zwischen dem Rosskarsee und dem Bergdorf Gramais. Andere, wie beispielsweise der Fundaisbach, versickern zu Trockenzeiten im geröllreichen Grund, um zu Zeiten der Schneeschmelze zu reißenden Wasserläufen anzuschwellen. Größere Kiesflächen bilden einzig der Schwarzwasser- und der Hornbach in ihrem mittleren Verlauf, wobei sie sich an anderen Stellen wieder in tiefe Schluchten eingraben. Besonders geröllreich ist der Streimbach, in dessen Oberlauf sich riesige Mengen von Gesteinsschutt angehäuft haben.

Wildbäche prägen wesentlich das Landschaftsbild der Lechtaler und Allgäuer Alpen, sie sind sie Lebensräume für hoch angepasste Pflanzen und Tiere: Wildbach in den Lechtaler Alpen.

< Bach-Steinbrech am Ufer eines Wildbachs

Leben am Wildbach

Im reißenden und kalten Wasser der Wildbäche können nur wenige Tierarten wie die Bachforelle und einige Insektenlarven leben. Auch die Ufer der Wildbäche sind Extrembiotope, in denen sich ausschließlich hoch angepasste Pflanzen dauerhaft ansiedeln können. Zu ihnen zählt der Bach-Steinbrech, der sowohl schnell einsetzende Hochwasser wie auch Überschüttungen durch angeschwemmte Steine und Erdreich zu überstehen vermag.

Ausgerechnt diese Pflanze ist die Raupenwirtspflanze des Hochalpen-Apollo, des prächtigsten Schmetterlings der Bergwelt. Damit leben die Raupen dieses Falters in einer extrem rauen Umgebung. Sie müssen Hochwasserfluten überstehen und sich zudem in nur einem kurzen Bergsommer zum Schmetterling entwickeln.

Die geschlüpften Falter bleiben ganz überwiegend in Bachnähe. Hier finden sie Blumen zum Saugen und ihre Geschlechtspartner. Und hier, wo das Überleben eines Schmetterlings am stärksten gefährdet zu sein scheint, legen die Weibchen nach der Begattung ihre Eier wieder ab.

Raupe des Hochalpen-Apollo auf Bach-Steinbrech

Hochalpen-Apollo

Über dem Kirchdorf Steeg, das am Ausgang der Schlucht liegt, thront der vom Gletscher geschliffene Pimig.

Wie die meisten größeren einmündenden Bäche drängt auch der Streimbach den Lech bis an die gegenüberliegende Talseite.

Der Tiroler Lech

Unterhalb von Steeg verliert der Lech bei abnehmendem Gefälle deutlich an Kraft, sodass hier die Bauern schon früh mit einfachen Uferverbauungen dem Fluss Land abringen konnten. Weitgehend gebändigt fließt der Lech, stellenweise von Grauerlenwäldern begleitet, durch fruchtbare Wiesen. Durch die jeweils einmündenden Bäche wird sein Lauf immer wieder an die gegenüber liegenden Talseiten gedrängt.

Unterhalb von Elbigenalp weitet sich das Tal zunehmend auf und erreicht an manchen Stellen eine Breite von 5 Kilometern. Rechtsseitig überziehen dunkle Fichtenwälder und linksseitig ausgedehnte Bergmähder die steilen Talflanken. Über Jahrhunderte haben die Bauern die steilen Hänge des Lechtales und seiner Seitentäler für die Viehzucht genutzt. So entstand inmitten der Bergwelt eine einmalige Kulturlandschaft mit bunten Wiesen und Mähdern.

Ab Häselgehr ändert sich das Landschaftsbild erneut. Jetzt weichen die Mähder felsigem Gelände, das vielerorts von Latschen und Bergwäldern durchsetzt wird. Ausgedehnte Schotter füllen große Teile der Talsohle. Von Stanzach abwärts folgt nun bis zu einer Talverengung unterhalb von Rieden die letzte große Wildflusslandschaft der Nordalpen, das Herzstück des Tiroler Lechs.[1]

Dieser Flussabschnitt zählt zu den artenreichsten Gebieten in ganz Mitteleuropa.

1 Der Erhalt dieser Flusslandschaft bleibt zuallererst das große Verdienst engagierter Bürger aus dem Tiroler Lechtal, die sich in der *Arbeitsgemeinschaft Tiroler Lechtal* (*ATL*) (Gründer und ideenreicher Kopf Karlheinz Baumgartner, Pfarrer in Steeg) und der Bürgerinitiative *Ob-Acht Lechtal* zusammengeschlossen hatten. Mit internationaler Unterstützung hatten sich diese Bürger den Plänen zum Aufstau des Streimbaches vor seiner Mündung in den Lech widersetzt. Der Aufstau des wichtigsten Geröllieferanten des Lechs hätte nach Ansicht aller unabhängiger Experten schwerstwiegende Folgen für die letzte Wildflussstrecke gehabt. Der jahrelange Rechtsstreit ist nun gegen einen Aufstau entschieden.

Überaus bunt sind die Wiesen an den Hängen der Täler. Nur durch eine traditionsgebundene Nutzung ist diese Kulturlandschaft zu erhalten.

Landschaft und Klima erfordern aufwendige Methoden der Heuernte. Das gemähte Gras wird auf hölzernen Pflöcken, den „Hoanzen" zum Trocknen aufgehängt: bei Stanzach 1989.

Inmitten der Bergwelt der Lechtaler und Allgäuer Alpen liegt die letzte Wildflusstrecke der Nordalpen.

Die Stillwasser am Tiroler Lech sind ein besonderer Lebensraum der Wildflussaue.

Auf einer Fläche von nur 40 Quadratkilometern wurden allein 1116 Pflanzenarten, also ein Drittel aller in Österreich vorkommenden Pflanzen, nachgewiesen, darunter 392 vom Aussterben bedrohte. In dem vergleichsweise kleinen Gebiet brüten 110 Vogelarten. Dabei ist der Tiroler Lech das wichtigste Brutgebiet Österreichs für flussbewohnende Vögel. Flussuferläufer, Flussregenpfeifer, Gänsesäger und Wasseramsel kommen hier in einer Dichte vor, die auch weit überregional gesehen einmalig ist. Unter den zahlreichen Amphibien ist das Vorkommen des Laubfrosches und der Kreuzkröte[1] hervorzuheben. Dazu kommt eine äußerst reiche Insektenfauna mit seltenen und seltensten Arten. Im Ganzen gesehen ist der Tiroler Lech eine Arche Noah, ein letztes Refugium für viele vom Aussterben bedrohte Pflanzen und Tiere.[2]

Die europaweite Bedeutung dieses Flussabschnittes als einmaligem Landschafts-

1 Der Laubfrosch gilt in Tirol insgesamt als sehr selten. Die Kreuzkröte hat in Österreich erst wieder im Osten des Landes ein Vorkommen.

2 Sehr anschaulich und allgemein verständlich schildert der *Fluss-Erlebnisführer* von J. Kostenzer, N. Lechenbauer und A. Vorauer die Wildflusslandschaft Naturpark Tiroler Lech.

bild und letztem Refugium für viele vom Aussterben bedrohte Pflanzen und Tiere ist heute endlich anerkannt. So kommt der Wildflussstrecke als *Natura 2000 Gebiet* ein hoher und international anerkannter Schutzstatus zu, der unbedingt auch eingehalten werden sollte (vgl. dazu S. 101). Zusammen mit den Seitentälern wurde das Flusstal 2004 zum Naturpark erklärt. In jüngster Zeit werden Fluss- und Bachverbauungen aus dem letzten Jahrhundert abgetragen, um der Wildflussstrecke wieder mehr Raum und der Flussdynamik wieder mehr Kraft zu geben, vor allem aber auch, um einer drohenden Eintiefung des Flussbettes entgegenzuwirken.

Unterhalb von Weissenbach weitet sich das Tal zum Reuttener Talkessel mit Reutte, dem Hauptort des Tiroler Lechs. Hoch über dem Tal liegt auf dem markanten Schlossberg die Festung Ehren-

Der Flussuferläufer hat am Tiroler Lech eines seiner bedeutendsten Brutvorkommen in Mitteleuropa. Von den neu errichteten Beobachtungsposten kann man ihn und den ebenfalls auf Kiesinseln brütenden Flussregenpfeifer störungsfrei beobachten.

Der Tiroler Lech bei Forchach zeigt noch das Bild einer alpinen Wildflusslandschaft.

Am Lech bei Pinswang hat sich nach der weitgehenden Begradigung des Flussverlaufs eine ausgedehnte Weichholzaue entwickelt.

berg, die über Jahrhunderte den Zugang zum Lechtal und zum Fernpass kontrollierte. Von hier aus reicht der Blick über eine imposante Bergkulisse und das Tal. Der Lech wurde hier, vor allem nach dem Hochwasser im Jahr 1910, weitgehend begradigt. Flächen, die früher der Wildfluss eingenommen hatte, sind heute Siedlungsgebiet oder landwirtschaftlich genutzte Böden.

Nach dem Reuttener Talkessel durchbricht der Lech den Kniepass, eine einst strategisch bedeutende Engstelle, wo seit 1952 – erstmals im bisherigen Lechverlauf – die Wasserkraft des Lechs genutzt wird. Weiter flussabwärts folgt die ehemalige Pinswanger Umlagerungsstrecke, die nach der weitgehenden Begradigung des Lechs heute eine ausgedehnte Weichholzaue umgibt.

Naturerlebnis Tiroler Lech

Es zählt zu den großen Naturerlebnissen am Lech, diese letzte Wildflusslandschaft der Nordalpen zu durchwandern. Geradezu bilderbuchartig wird dabei deutlich, wie die Dynamik des Flusses eine einzigartige Pflanzen- und Tierwelt prägt. Zudem steht der Tiroler Lech modellhaft für alle verloren gegangenen Wildflussstrecken der Nordalpen. Deshalb soll hier etwas ausführlicher auf diesen Flussabschnitt eingegangen werden, zumal sich der Reichtum der zunächst eher karg wirkenden Flusslandschaft nicht auf den ersten Blick erschließt.

Die Vielfalt der Wildflusslandschaft lässt sich am eindruckvollsten erleben, wenn man vom Flussbett aus allmählich in die Aue vordringt. Auch wird bei dieser Wegführung der Einfluss der Hochwasserfluten auf die Pflanzen- und Tierwelt am deutlichsten.

Allein das breite Spektrum der unterschiedlichsten **Gewässer (1)** spiegelt die Vielfalt des „Lebensraum Wildfluss" wieder. Im kühlen und klaren Wasser der **Flussrinnen (1a)** leben Bachforelle, Äsche, Koppe und Schmerle. Der Steinkrebs hat hier wahrscheinlich sein letztes natürliches Vorkommen in Tirol. Unter den Wasserinsekten finden sich seltene Arten von Stein-, Schlamm-, Köcher- und Eintagsfliegen. Nach ihren Larven, die am Grund der Gewässer leben, taucht die Wasseramsel.

Inmitten des Flussbetts liegen in weitgehend trocken gefallenen Flussrinnen

Auenzonierung des Tiroler Lechs
(abgeändert und vereinfacht nach einer Vorlage von Seibert, P. 1958 und Müller, N. 1991)

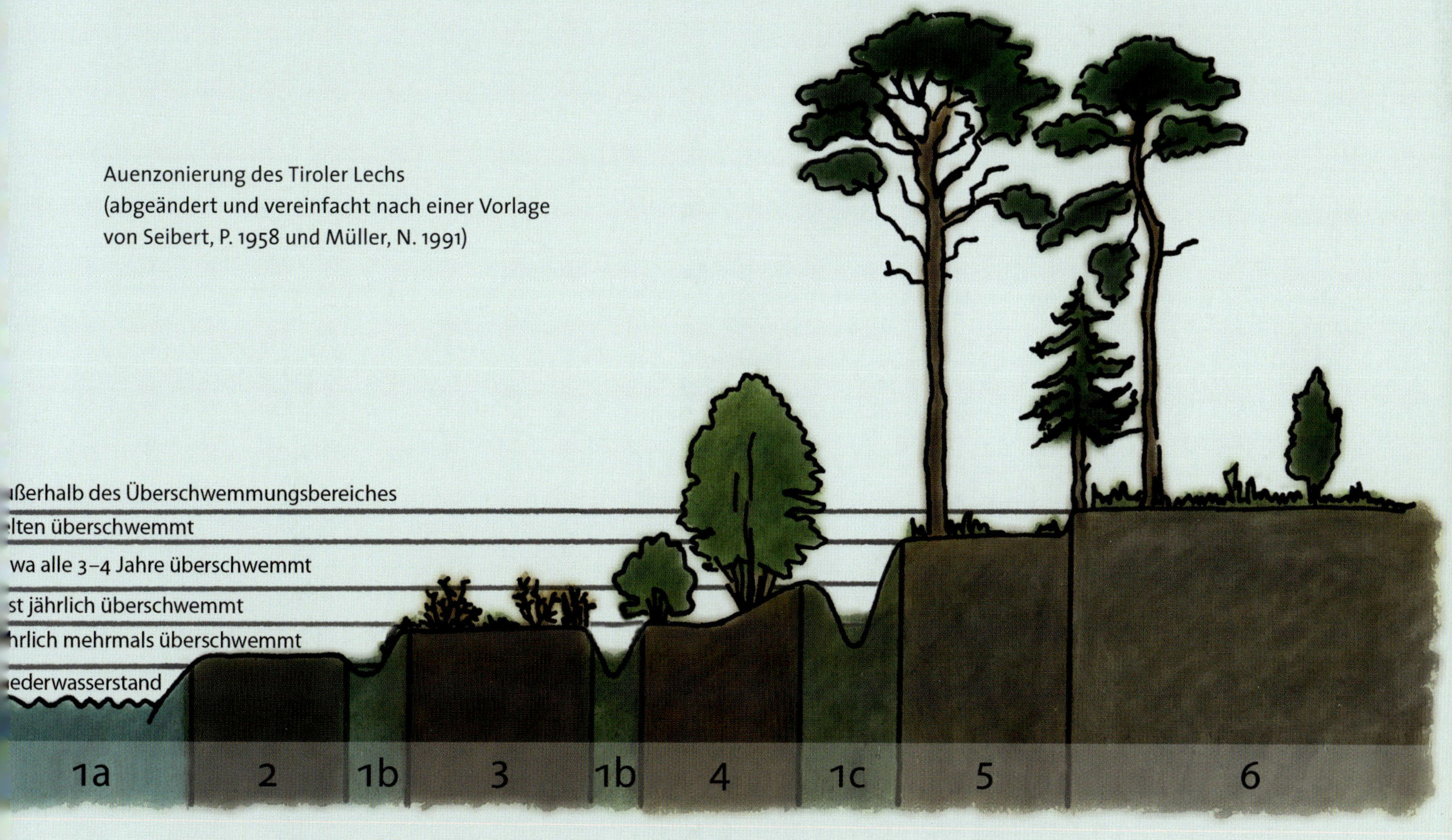

Flussrinne **1b** Stillwasser **1c** Brunnwasser **2** Schwemmlingsflur **3** Weiden-Tamariskengebüsch **4** Grauerlengebüsch **5** Schneeheide-Kiefernwald **6** Heide

In den **Flussrinnen** mit ihrer teils reißenden Strömung können nur hoch angepasste Arten leben. Die Äsche stellt sehr hohe Ansprüche an die Wasserqualität. Sie benötigt klares und kühles Wasser auf grob- bis feinkörnigem kiesigem Grund.

und Mulden nicht selten kleine **Stillwässer (1b)**. Sie sind für viele Arten, vor allem Amphibien und Libellen, ein wichtiger Lebensraum. Auf feinsandigem Grund wächst hier noch vereinzelt der heute generell sehr seltene Zwerg-Rohrkolben. Er hat am gesamten Lech nur noch in Tirol ein kleines und deshalb besonders schützenswertes Vorkommen.

Stillwasser im Flussbett sind für viele Arten der Wildflussaue ein wichtiger Lebensraum:

1 Der Zwerg-Rohrkolben ist heute auch am Tiroler Lech eine seltene Kostbarkeit.
2 Die Kreuzkröte benötigt zum Ablaichen flache und sich schnell erwärmende Stillwässer.
3 Der Laubfrosch liebt dagegen feuchte Bereiche im Grauerlengebüsch.

1

2

3

Brunnwässer zeichnen sich durch klares und gleichmäßig fließendes Quellwasser aus.

Die **Brunnwässer (1c)** werden aus Grundwasserquellen der Talsohle gespeist. Da sie im Gegensatz zu den Wildbächen eine ausgeglichene und barrierefreie Strömung aufweisen, sind sie für viele Arten des Wildflusses eine ideale Kinderstube und zudem in Hochwasserzeiten ein wichtiger Zufluchtsort.
Die Biotopvielfalt setzt sich auch in den Bereichen der Flussaue fort. Noch ganz im Zentrum des Flussbettes selbst liegt die **Schwemmlingsflur (2)**, ein kiesiger oder sandiger Bereich, der weitgehend, aber nicht völlig vegetationslos ist. Diese Flusszone wird mehrmals im Jahr überschwemmt. Hier leben neben typischen „Pionierarten" die „Schwemmlinge", d. h. Gebirgspflanzen, deren Samen vom Hochwasser angeschwemmt werden. Ein Vertreter der Pionierarten ist der Knorpelsalat, nach dem das Extrembiotop als „Knorpelsalatflur" bezeichnet wird. Seine Samen müssen, wenn er sich erfolgreich behaupten will, sehr schnell, d. h. zwischen zwei Hochwasserperioden, reifen. Hoch angepasst an die Bedingungen des Wildflusses sind auch die hier lebenden Tiere, vor allem seltene Käfer und Spinnen. Sie überstehen selbst reißende Fluten oder siedeln sich nach Hochwassern schnell wieder an, vor allem im Bereich angeschwemmter Baumstämme und Äste, den sogenannten Genisten. Hier liegen auch die Brutgebiete von Flussregenpfeifer und Flussuferläufer, die unbedingt störungsfrei bleiben sollen.

Nahezu vegetationslos ist die Schwemmlingsflur, die jährlich mehrmals überflutet wird. Angeschwemmtes Treibholz bietet vielen Insekten und Spinnen auf den sonst kahlen Kies- und Sandbänken einen Unterschlupf.

1 Der Knorpelsalat ist eine typische Pflanze auf diesen Kiesbänken.
2 Viele Spinnen, vor allem Wolfsspinnen, leben zwischen den Kieseln und jagen hier nach Beute.
3 Im Gegensatz zu den meist im Verborgenen lebenden Käfern ist der Sandlaufkäfer ein auffallender Bewohner der Kies- und Sandflächen.

Die **Weiden-Tamariskenzone** ist noch deutlich von periodischen Hochwassern geprägt. Auch hier erlangen an die Flussdynamik angepasste Arten gegenüber Konkurrenzarten einen deutlichen Vorteil.
Typische Arten der Weiden-Tamariskenzone:
1 Deutsche Tamariske
2 Schlauch-Enzian
3 Gefleckte Schnarrschrecke
4 Edelweiß

Ähnlich karg wie die Schwemmlingsflur wirkt die am Rand des Flussbettes liegende **Weiden-Tamariskengebüsch-Zone (3)**. Klimatisch zeichnet sich diese nur schütter bewachsene Region durch lange Trockenzeiten und starke Temperaturschwankungen aus. Nur wenige Pflanzen und Tiere können derartig extreme Lebensbedingungen tolerieren. Unter den Pflanzen ist die Deutsche Tamariske der bekannteste Vertreter. Sie weist in den Nordalpen neben dem Oberlauf der Isar nur noch hier ein größeres Vorkommen auf. Mit ihren kleinen, schuppenförmigen Blättern und ihrem leicht blaugrünen Farbton wirkt sie fast wie ein exotisches Gewächs. Im Frühling leuchten auf dem steinigen Grund die weißen Blüten der Silberwurz. Sie scheint wie der Blaugrüne Steinbrech fast ohne Erde auf dem blanken Kies auszukommen. Vereinzelt kann man so zarte Blumen wie die Mehlprimel oder den Schlauch-Enzian, im Sommer selbst einige Blüten von Pflanzen der Berge wie des Alpen-Leinkrautes und des Edelweißes finden. Seltene Arten weist auch die Tierwelt auf. Besonders am Morgen sonnt sich auf den Steinen die Schlingnatter. Typisch für die Insektenwelt der Wildflussaue des Oberen Lechs ist die heute extrem seltene Gefleckte Schnarrschrecke.[1] Sie fällt erst auf, wenn

1 Als „Haschreck im Lecht'l" hat die Lechtaler Musikgruppe „Bluatschink" die Gefleckte Schnarrschrecke als Symbol für eine intakte Wildflusslandschaft besungen. Dieses Lied war 1993 ein wichtiger Beitrag im schließlich erfolg-

sie laut schnarrend mit weit ausgebreiteten weinroten Hinterflügeln über die schütter bewachsenen Kiesbänke fliegt.
Geradezu ein ökologisches Kontrastprogramm zu den kiesigen und überwiegend trockenen Bereichen bietet das **Grauerlengebüsch (4)**, das zusammen mit Weiden auf dauerhaft feuchtem Grund ein dichtes Gestrüpp bildet. Hier leben zahlreiche Singvögel, Amphibien wie Erdkröte, Gras- und Laubfrosch, und viele Libellenarten.
Auf den weiter vom Flussbett entfernten und nur noch selten überfluteten Terrassen wird die Flussdynamik als prägende Kraft immer schwächer. Hier ändert sich das Bild der Aue noch einmal grundlegend. Die Kiefer wächst zunächst nur kümmerlich in sehr schütterem Verband. Auffallend sind riesige Ameisenvölker, die als typische Wildflussarten[1] ausgedehnte Areale beherrschen. Selbst auf den etwas weiter vom Flussbett entfernten Terrassen bleibt die Kiefer klein und ihr Bestand licht. Sie bildet hier die **Schneeheide-Kiefernwälder (5)**, in deren Bodenvegetation – wie der Name schon andeutet – die Schneeheide vorherrscht. Dieser auf den ersten Blick karg wirkende Trockenwald ist überaus artenreich. Nach der Blüte der Schneeheide färbt an manchen Stellen die Herzblättrige Kugelblu-

reichen Protest gegen den Aufstau des Streimbaches.

1 Vor allem F. (Serviformica) lefrancoisi und F. (Serviformica) selysi.

Schneeheide-Kiefernwälder sind als Endglied in der Auenzonierung sehr artenreiche Trockenwälder.
Arten des Schneeheide-Kiefernwaldes:
1 Idas-Bläuling
2 Kleine Goldschrecke
3 Weiße Waldhyazinthe
4 Frauenschuh

me den Waldboden blau. Zahlreich sind die Orchideen, vom prächtigen Frauenschuh bis zur zierlichen Fliegen-Ragwurz, vom unscheinbaren Kriechenden Netzblatt bis zur leuchtenden Weißen Waldhyazinthe. Zudem ist der lichte Wald, in dem sich an sonnigen Sommertagen die Hitze staut, überaus reich an besonderen und seltenen Faltern, Wildbienen, Hummeln, Schwebfliegen, Heuschrecken und Käfern.

Eingestreut in die lichten Kiefernwälder sind kleine **Heiden (6)**, die aus den Kiefernwäldern durch Holznutzung und Beweidung entstanden sind. Ihre Hauptblütezeit liegt im Frühling, wenn zwischen dem zarten Rosa der Mehlprimel das dunkle Blau des Frühlings-Enzians und des Stengellosen Enzians leuchtet.

Der Frühlings-Enzian überzieht ganze Bereiche der Heiden mit einem tiefblauen Blütenteppich.

Die kleinen **Heiden** des Oberen Lechtales werden durch regelmäßige Beweidung offen gehalten.

Der Füssener Lech bis zur Lechschlucht

Unterhalb der Ulrichsbrücke zeigt sich nach der Landesgrenze Tirol/Bayern im „Füssener Lech“ noch einmal das Bild eines alpinen Wildflusses. Umgeben ist diese Flusslandschaft von einer eindrucksvollen Bergkulisse, im Süden vom über 1200 Meter hohen Schwarzenberg und gegen Norden von dem lang gestreckten Falkensteinzug. Linksseitig mündet hier die Vils inmitten einer sehr ursprünglichen Weichholzaue in den Lech.

Mit dem grandiosen Landschaftsbild der „Lechschlucht bei Füssen“ verlässt

Der Wildflusslandschaft des „Füssener Lechs“ kommt als *Natura 2000-Gebiet* europaweite Bedeutung zu.

Auf die wechselnden Wasserstände im Mündungsbereich der Vils weisen die Bulten der Seggen hin. Die Pflanzen ziehen sich gleichsam am eigenen Schopf aus dem Wasser.

Mit dem 2047 Meter hohen Säuling endet die Bergwelt des Oberen Lechtales. Dem Wanderer bietet sich vom Gipfel aus ein großartiger Rundblick: gegen Süden die Alpenregion (Bild), gegen Norden das Voralpenland mit dem Mittleren Lechtal, gegen Nord-Osten das Ammergebirge und gegen Westen der Lech zwischen Reutte und Füssen mit den Tannheimer Bergen.

Die Kirche St. Coloman liegt auf der Ebene bei Schwangau. Dahinter erheben sich fast ohne Übergang die Berge bis über 2 000 Meter Höhe aus dem flachen Vorland.

der Fluss endgültig die Alpen (Bild S. 41). Bis 1920 fanden hier Wallfahrten zu einem Felsvorsprung statt, auf dem der heilige Magnus beim Sprung über die Schlucht einen Fußabdruck im Fels hinterlassen haben soll. Auch heute ist die Anziehungskraft der Lechschlucht, die zu den bedeutendsten Geotopen Bayerns zählt, ungebrochen. Nachdem ein Großteil des Wassers durch einen Felsstollen einem Kraftwerk zugeleitet wird, tosen nur noch zu Hochwasserzeiten die Wasser durch die Felsenenge. Nur noch dann kann man verstehen, was einst ein Mönch des nahe gelegenen Klosters St. Mang über die Lechschlucht geschrieben hat: „*Aus der Füssener Schlucht bricht die schäumende Woge hervor. Tosend schlägt sie mit gewaltigem Zorn an die in der Strömung liegenden Felsen. Mit grausamem Zahn nagt sie an den grünen Ufern.*“ [1]

Das voralpine Hügel- und Moorland – die Landschaft des Mittleren Lechs

Unterhalb der Lechschlucht ändert sich das Landschaftsbild des Tales abrupt. Unvermittelt gehen die am Alpenrand steil abfallenden Bergflanken in eine Ebene mit Zentrum um den Ort Schwangau über. Vom Gipfel des Säulings, des Tegelberges oder auch vom Schloss Hohenschwangau aus lässt sich das Voralpenland mit dem Mittleren Lechtal weit überblicken.[2]

Gegen Norden hin folgt die Moränenlandschaft, die weitgehend Bauernland ist. Üppige Wirtschaftswiesen überziehen wie ein grüner Teppich das hügelige Land, in das stattliche Bauernhöfe und prächtige Einzelbäume, vor allem alte Fichten und Buchen, markante Akzente setzen. Der Bannwaldsee, der Alpsee, der Schwansee, der Weißensee und der Hopfensee fügen sich so harmonisch ins Landschaftsbild, dass die alten Mönche sie „Augen Gottes“ nannten. Von den Mooren, den Bruchwäldern und den Streuwiesen, die bis ins 19. Jahrhundert landschaftsbestimmend waren, sind nur wenige und kleine, aber umso wertvollere Reste geblieben.

Wie im Bilderbuch zeigt sich noch heute zwischen dem Forggen- und Bannwaldsee die eiszeitliche Landschaft mit ihrer einzigartigen Biotopvielfalt. In den Senken liegen Seen, vereinzelt noch Moore, Bruchwälder und Streuwiesen. Trockene Magerrasen, die zu den größten im nördlichen Alpenvorland zählen, überziehen die steilen sonnenexponierten Hänge der Moränen und Buckelwiesen. Auf den Streuwiesen blühen, um nur einige der prächtigsten Blumen zu nennen, Sibirische Schwertlilie, Sumpfgladiole, Sumpf-Stendelwurz, Tarant und Trollblume. Hier fliegen seltene Falter wie der Lungenenzian-Ameisenbläuling und der Goldene Scheckenfalter. Karg wirken dagegen die Hochmoore. Doch finden sich gerade hier sehr seltene Arten, von denen nicht wenige ihren Verbreitungsschwerpunkt Tausende von Kilometern entfernt im hohen Norden Europas haben.

Diese Biotope sind, jedes für sich und erst recht in ihrer Gesamtheit, wegen ihrer Seltenheit im höchsten Maße schutzwürdig und, wie die Landschaftsentwicklung bis in jüngste Zeit leider zeigt, auch höchst schutzbedürftig.

1 Knussert 1955.

2 Wanderrouten mit wichtigen Hinweisen zur Landschaft enthält das Heft *Lebensraum Lechtal*, herausgegeben vom Deutschen Verband für Landschaftspflege.

1

2

3

4

1 Wiesen, Wälder, Seen und Moore prägen das Voralpenland.
2 Von hohen Moränenhügeln aus reicht der Blick über das Voralpenland bis zum „Lechtor“ zwischen dem Säuling und der Vilser (Berg-) Gruppe.
3 Das Voralpenland ist vor allem ein Land der Viehzüchter.
4 Die meisten Moore sind heute Wirtschaftswiesen gewichen. Nur die dunkle Erde erinnert an das frühere Landschaftsbild der Moore.
5 Zu den landschaftlichen Höhepunkten um Füssen zählen auch die zahlreichen Seen: Bannwaldsee.

5

Das Moränengebiet zählt dank seiner Biotopvielfalt zu den artenreichsten Gebieten Mitteleuropas: In den Senken liegen Feuchtgebiete; über die Hänge ziehen sich je nach Bodenverhältnissen üppige Wirtschaftswiesen bis zu mageren Trockenrasen.

Überaus wertvoll im Sinne des Landschafts- und Artenschutzes sind die verbliebenen Streuwiesen und Hochmoore.
Links: Streuwiese beim Großen Filz; unten: Hochmoor Premer Filz.

> Die prächtigsten Blumen der Streuwiesen sind die Sibirische Schwertlilie und die Sumpfgladiole.

1 Fieberklee
2 Geflecktes Knabenkraut
3 Breitblättriges Knabenkraut
4 Lungen-Enzian
5 Sumpf-Stendelwurz
6 Blauer Sumpfstern

1 Natterwurz-Perlmutterfalter
2 Baum-Weißling
3 Goldener Scheckenfalter
4 Sumpfschrecke
5 Zwitscherschrecke
6 Moorrand-Perlmutterfalter
7 Erdkröte
8 Wald- oder Mooreidechse

1

2

3

4

5

6

7

8

Hochmoore – Refugium seltener Arten

Hochmoore gelten als Nässe- und Kälteinseln. Nicht selten liegen hier noch Schnee- und Eisreste, wenn die Moränenhügel bereits zu grünen beginnen. Auch halten sich im Frühling und Herbst die morgendlichen Nebel über der kargen und baumlosen Landschaft besonders lange.

Im nassen und sauren Milieu mit dem feucht-kühlen Klima gibt es nur wenige, dafür aber hoch angepasste Arten. In der triefenden Nässe gedeihen am besten die Torfmoose. Sie bauen – worauf ihr Name schon hinweist – wesentlich die Torfschichten der Hochmoore auf. Eine der bekanntesten Pflanzen, die unmittelbar im Bereich der Torfmoose wächst, ist der „fleischfressende" Sonnentau.

Zudem fanden einige Pflanzen und Tiere der eiszeitlichen Tundren hier ein Refugium, weitab von ihrem sonstigen Vorkommen in Hochlagen der Alpen und in fernen arktischen Regionen. Diese Relikte der letzten Eiszeit haben bis heute weit über 10 000 Jahre in den Mooren überdauert. Zu ihnen zählt die unscheinbare Moosbeere, die mit ihren kleinen Blüten im Frühling feuchte Moosflächen ziert. Von ihren Blättern nährt sich der Hochmoor-Perlmutterfalter, ebenfalls ein Überbleibsel aus der Eiszeit. Auch die Rauschbeere, ein kniehoher Strauch mit großen blauen Beeren im Herbst, stammt aus den Tundren der Kältezeit. Sie ist die Raupenwirtspflanze des Hochmoor-Gelblings, der wegen seiner Seltenheit und seiner engen Beziehung zur Moorlandschaft geradezu als Symbol für den Lebensraum Hochmoor steht. Die Zwergbirke, die jenseits des Polarkreises die

Schnee- und Eisreste halten sich in den Hochmooren bis weit in den Frühling: Großer Filz, 30.4.09.

Torfmoose haben sich eng an das feuchte und saure Milieu der Hochmoore angepasst.

Der Sonnentau deckt auf dem extrem nährstoffarmen Grund seinen Stickstoffbedarf, in dem er mit seinen mit klebrigem Schleim behafteten Blättern Insekten fängt und verdaut.

Als Eiszeitrelikte haben sich einige Pflanzen und Tiere in den Hochmooren bis in unsere Zeit gerettet:
1 Zwergbirke
2 Moosbeere mit Blüten
3 Moosbeere mit Früchten
4 Hochmoor-Perlmutterfalter
5 Rauschbeere
6 Hochmoor-Gelbling

Tundren bedeckt, wächst in unseren Hochmooren nur noch extrem selten.

Nahezu alle Arten der Hochmoore sind heute in ihrem Fortbestand hochgradig gefährdet. Die „Kultivierung“ der Landschaft, vornehmlich im 19. und auch noch im 20. Jahrhundert, hat zusammen mit der weit verbreiteten Abtorfung von den einstigen ausgedehnten Mooren des Voralpenlandes nur spärliche Reste übrig gelassen. Es zählt auch im Mittleren Lechtal zu den großen Aufgaben des Naturschutzes, die wenigen noch verbliebenen Moore als kostbare Zeugen der Landschaftsgeschichte und als einmalige Biotope zu erhalten und, wo immer es möglich ist, einstige Moorflächen zu renaturieren.

Die Renaturierung abgetorfter oder entwässerter Moore zählt zu den großen Herausforderungen des Naturschutzes im Alpenvorland: Renaturierungsfläche im Premer Filz.

Der Forggensee ist der fünftgrößte „See“ Bayerns.

Der „Moränen-Lech“

Nach dem Verlassen des Gebirges ist der Lech bis zur Mündung in die Donau an keiner Flussstrecke mehr naturbelassen. Unmittelbar unterhalb von Füssen, beim Ort Horn, lässt sich die ehemalige Wildflusslandschaft des Lechs immerhin noch erahnen. Der Forggensee wird rechtzeitig zur Touristensaison geflutet. Dann fahren Segelboote und Ausflugsschiffe über die weite Wasserfläche, wo vor etwas mehr als einem halben Jahrhundert noch Bauernhäuser mit ihren Wiesen und Feldern lagen. In der Winterzeit, wenn der Stau-See trocken liegt, kann man neben der Trasse der Via Claudia (Abb. S. 68) noch Reste alter Gehöfte und selbst noch Baumstümpfe der einstigen Auwälder erkennen.

In die flussabwärts folgende Staustufe, den „Premer See“, mündet der Halblech, der einzige größere Zufluss aus dem Ammergebirge. Dieser großenteils verbaute Wildbach weist noch Reste einer – allerdings rasch schwindenden – Flora und Fauna von Kiesbänken auf. Einige Exemplare der Deutschen Tamariske, der Flussuferläufer und seltene Kleintiere, lauter vom Aussterben bedrohte Arten, harren hier einer dringenden Renaturierung, die niemandem schaden, aber vielen nützen würde.

Unterhalb der Brücke von Lechbruck tost besonders zu Hochwasserzeiten der Lech so kraftvoll über den felsigen Querriegel, dass man sich ganz in die Zeiten des „alten Lechs“ zurückversetzt fühlt. (Abb. S. 41)

Die folgenden dicht gestaffelten Staustufen bis Schongau überfluten nicht selten die ganze Talsohle. Eine Ausnahme bildet die Litzauer Schleife, eines der großartigsten Landschaftsbilder des gesamten bayerischen Lechs. In weiten Schleifen und tief in das hügelige Gelände eingeschnitten durchfließt hier der Fluss das Voralpenland. Von der Höhe des westlichen Hanges blickt man über das Tal, die Wiesen und Wälder bis zum Gebirge. Der Fluss selbst erinnert – zumindest auf den ersten Blick – mit seinem schnell dahin fließenden Wasser und seinen Kiesbänken an die ursprüngliche Wildflussaue. Das einzigartige Landschaftsbild lässt fast vergessen, dass der fehlende Nachschub an Kies und die ausbleibenden Hochwasserfluten die wildflusstypische Flora und Fauna stark verarmen ließen. Längst ist die Deutsche Tamariske einem dichten Weidengestrüpp gewichen. Selbst der Flussregenpfeifer hat als Brutvogel die Region verlassen. Geblieben sind aber die Steilhänge mit lichten Hangwäldern, Quellaustritten, feuchten Erdrutschungen und nur schütter bewachsenen Rinnen. Hier, wo nach wie vor Erosionskräfte das Hangprofil gestalten, blühen die Sumpfgladiole, das Rote Waldvögelein und das Heideröschen, an wenigen Stellen selbst der extrem seltene Kies-Steinbrech.

Die Litzauer Schleife erinnert an die einstige großartige Wildflusslandschaft des Alpenvorlandes.
Im lichten Hangwald blühen neben anderen Kostbarkeiten das Rote Waldvögelein und der Türkenbund.
Auf feuchten Erosionsflächen der Hänge wächst der als „stark gefährdet" eingestufte Kies-Steinbrech.

Von der Anhöhe auf der Ostseite des Tales bei Reichling schweift der Blick übers Lechtal bis zu den Alpen.

Ein großes Altwasser zwischen Kinsau und Epfach erinnert noch an die alte Flusslandschaft.

Der Untere Lech – ein Tal der Ebenen

Das typische Bild des Unteren Lechtales mit seinen weiten Ebenen beginnt erst ab Kaufering. Wo früher südlich von Augsburg karge Heideflächen oder nördlich von Augsburg ausgedehnte Moore den Fluss begleiteten, liegen heute große Felder, zunehmend auch Siedlungen und Gewerbegebiete. Auch hier haben sich nur wenige, aber umso wertvollere Reste der alten Flusslandschaft erhalten.

Der „Terrassen-Lech" und die Lechleite

Nördlich der würmeiszeitlichen Endmoränen bei Hohenfurch weitet sich allmählich das Tal. Die Eigenart des „Terrassen-Lechs", der Tallandschaft bis Kaufering (S. 30), erschließt sich am besten, wenn man von der Bundesstraße aus über die „abgetreppte" Landschaft zum Fluss hinunter wandert. Der Weg führt über mehrere steile Grashänge und noch steilere Waldstufen auf Wiesenflächen, die so plan wie eine Tischplatte erscheinen. Überaus abwechslungsreich ist das Bild, weil die Stufen nicht gleichmäßig sind. Teils höher, teils niedriger, teils eng nebeneinander verlaufend, teils mit wei-

In großen Schleifen windet sich der Lech bei Mundraching durchs Tal.

ten Zwischenräumen, die wie lang gestreckte kleine Ebenen erscheinen. Der Lech selbst ist freilich auch in diesem Abschnitt aufgestaut. Wenn man von erhöhtem Standpunkt auf den Fluss mit seinen großen Schleifen blickt, kann man sich allerdings noch vorstellen, wie großartig einst die Wildflusslandschaft war.

Die Ostseite des Tales trennt, von wenigen Terrassen abgesehen, eine scharfe und bis zu 80 Meter hohe Kante vom tertiären Hügelland. Diese rechtsseitige Lechleite begleitet allmählich flacher und sanfter werdend das Tal bis über Thierhaupten hinaus. Steile und kaum zugängliche Wälder erinnern mit eindrucksvollen Baumbeständen und eingestreuten Nagelfluhfelsen mancherorts fast an kleine Urwaldreservate. Im Frühling blüht hier üppig das Leberblümchen, das im Lechtal selbst nirgends anzutreffen ist. Im Hangbereich entspringen einzelne Quellen, deren kalkgesättigtes Wasser mit Moos überzogene Tuffrinnen und Waldbäche bildet.

An den steilen Hängen der Lechleite haben sich, unbeeinflusst von forstlichen Eingriffen, sehr naturnahe Waldbestände erhalten.

Kalkgesättigtes Quellwasser bildet entlang der glasklaren Waldbäche mit Moos überzogene Tuffränder: Quellbach in Höhe der Staustufe 19.

Das Leberblümchen blüht im Frühling entlang des Lechs nur in den Hangwäldern.

Das Landschaftsbild der dicht aufeinander folgenden Stauseen lässt nichts mehr vom ehemaligen Wildfluss erkennen: Stausee 21.

In den Wurzelbereichen der Staubecken haben sich neue Lebensräume entwickelt. Hier brütet der Haubentaucher und baut der Biber seine Burgen.

↗ Der Gänsesäger ist ein regelmäßiger Wintergast und Brutvogel am Unteren Lech.

Der Lech zwischen Landsberg und Augsburg

Im Wurzelbereich der sechs kurz aufeinander folgenden Staubecken zwischen Kaufering und Königsbrunn haben sich neue Lebensräume entwickelt, in denen sich, freilich ganz anders als von den Landschaftsingenieuren geplant, eine gewisse Wildnis entwickelt hat. Hier lebt der Biber und brütet der Haubentaucher. Im Sommer jagen Baumfalken über den Baumwipfeln nach Insekten, vor allem nach Eintagsfliegen, die im Juni in großer Menge in der Luft über den Staubecken tanzen. Im Winter ist der Fluss wichtiges Durchzugs- und Rastgebiet für nordische Vögel. Neben Hunderten von Stock- und Reiherenten entdeckt man dann auch Gänsesäger, Zwergtaucher sowie Schell- und Tafelenten. Auf die Dämme der Staustufen haben sich einige Pflanzen und Tiere aus den ehemaligen Heiden, Relikte der überfluteten Aue, gerettet. Zwischen den Blüten des Weidenblättrigen Ochsenauges, der Mücken-Händelwurz, der Hummel- und Fliegen-Ragwurz oder des Klebrigen Leins fliegen seltene Falter wie das Blaukernauge oder der Idas-Bläuling. An manchen Stellen sonnt sich die Schlingnatter.

Eintagsfliegen entwickeln sich in großer Zahl in den Staustufen.

Unterhalb der Staustufe 23 kann der

Lech im Bereich des Naturschutzgebietes „Stadtwald Augsburg“ noch fließen. In dieser längsten verbliebenen Fließstrecke des bayerischen Lechs bestimmt der Fluss, auch wenn er weitgehend begradigt ist, noch immer den Grundwasserstand bis weit in die Aue. Es gibt noch einige Kiesbänke, eine flussbegleitende Weichholzaue aus Grauerlenbeständen und einige Feuchtgebiete. Hier harrt der Fluss einer dringenden Renaturierung, die langfristig gesehen auch für den Fortbestand des Schutzgebietes entscheidend ist. Der flussabwärts folgende Hochablass hat seine Bedeutung für die Augsburger Wirtschaft längst verloren. Er ist aber – und das seit Jahrhunderten – ein beliebtes Ausflugsziel der Augsburger.[1]

1 Kollmann 1850, S. 5: „... Ferner verdient er (= der Hochablass) als einer der reizendsten Punkte in unserer Nähe alle Anerkennung und sie wird ihm durch den fleißigen Besuch der heimischen Bevölkerung wie der Fremden zu Theil.“

‹ Das Helm-Knabenkraut ist auf den Dämmen die häufigste Orchidee.

Im Naturschutzgebiet „Stadtwald Augsburg“ liegt die längste verbliebene Fließstrecke des bayerischen Lechs. Eine Renaturierung dieses Flussabschnittes ist von entscheidender Bedeutung für die langfristige Entwicklung.

Der Fortbestand der Aue innerhalb der Hochwasserdeiche im Naturschutzgebiet „Stadtwald Augsburg“ ist mit dem Bau neuer Wasserkraftwerke nicht zu vereinbaren.

Die Lechfeld-Heiden sind uraltes Kulturland. Seit Jahrtausenden ziehen hier Hirten mit ihren Herden über das Land: Lechheide bei Lagerlechfeld.

Weit verstreut und von einander isoliert liegen die letzten Heideflächen im Unteren Lechtal. Ihre Größe in der Summe ihrer Gesamtfläche macht gerade noch 1 % der einstigen Heidefläche aus (geändert nach Müller, N. 1990 b).

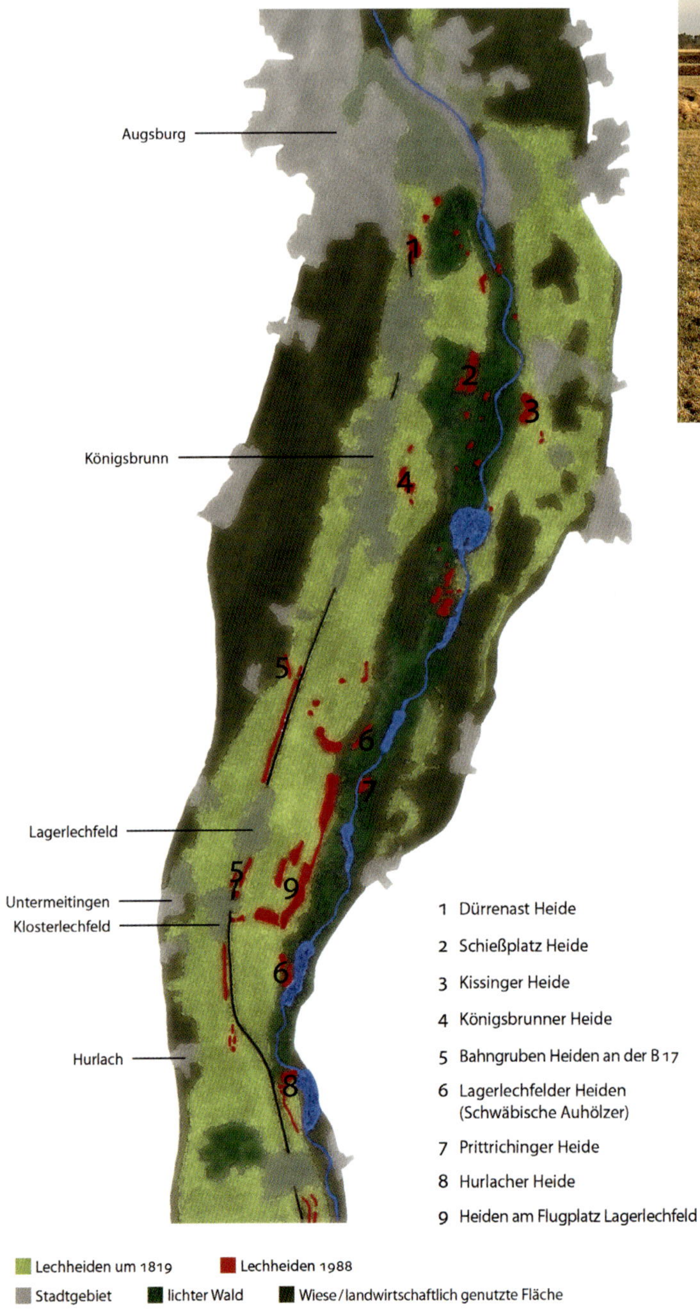

Das Lechfeld und die Lechheiden

Nördlich von Kaufering beginnt die weite Schotterfläche des Lechfeldes. An klaren Föhntagen scheinen sich im Süden die Alpen unmittelbar aus der Ebene zu erheben. Dann erkennt man selbst von hier aus die hellen Schneefelder und die einzelnen Gipfel.

An die Landschaft des „alten Lechs“ erinnert noch die Gegend bei Lagerlechfeld, wo die größte verbliebene Heidefläche durch militärische Nutzung vor Überbauung und Zersiedelung verschont blieb. Wie in früheren Zeiten ziehen heute wieder Schafherden über das Grasland. Darüber spannt sich ein hoher Himmel, wie er nur großen Ebenen eigen ist. Kenner berichten von seltenen Blumen und Tieren, die unbeeinträchtigt vom donnernden Lärm der Kampfjets auf dem öffentlich nicht zugänglichen Gelände ihr letztes Refugium gefunden haben.

Sonst sind von der großen Heide des Lechfeldes, die bis weit ins 19. Jahrhundert das Landschafts-

Jede der verbliebenen Heiden hat ihr eigenes Landschaftsbild:
Oben Königsbrunner Heide, unten Schießplatz-Heide.

bild geprägt hatte,[1] nur noch kleine und weit verstreute Reste erhalten. Diese Relikte der alten Landschaft zählen, auch wenn sie oft nur wenige Hektar groß sind, zu den artenreichsten und damit kostbarsten Lebensräumen Mitteleuropas.

Bis heute spiegelt sich im Artenspektrum der Lechfeldheiden die nacheiszeitliche Landschaftsgeschichte wieder. Auf Schritt und Tritt wird der Kenner hier Pflanzen alpinen, kontinentalen und mediterranen Ursprungs

1 Dazu aus dem Reisebericht von Michel de Montaigne aus dem Jahr 1580: „Wir reisten nach Tisch weiter (= von Landsberg aus) und kamen durch eine weite Ebene (das Lechfeld) mit ganz einheitlicher Vegetation, ähnlich der Ebene von Beauce, nach Augsburg, vier Meilen davon, das als die schönste Stadt Deutschlands gilt ...“.

Brennen, kleine flachgründige Bereiche im Auwald, sind wichtige Biotope und Trittsteine im Verbundsystem der Trockenrasen.

Übergangsbereiche von Heide zu lichtem Wald sind besonders artenreich: Königsbrunner Heide.

Die Kreuzotter zählt zu den seltenen Tieren des Unteren Lechtales. Sie hat auf den Heiden und Brennen ein Refugium gefunden.

finden. (S. 46 und 47).[1] Zusätzlich leben auf den Heiden dank ihres differenzierten Bodenprofils (S. 42) noch immer Arten trockener und feuchter Standorte, nicht selten eng benachbart nebeneinander. So wächst die an feuchte Regionen gebundene Sumpfgladiole oder die Knollige Kratzdistel direkt neben Pflanzen der Trockenrasen wie der Gold-Aster, der Hummel-Ragwurz oder der Erdsegge.[2] Auf den Lechheiden fliegt, um ein entsprechendes Beispiel aus der Tierwelt zu nennen, der Himmelblaue Bläuling zusammen mit dem Blaukernauge. Während der kleine Bläuling als Zuwanderer aus submediterranen Regionen auf sonnige und warme Biotope angewiesen ist, braucht das Blaukernauge für seine Entwicklung feuchte und kühlere Regionen.

1 Der Naturführer *Königsbrunner und Kissinger Heide – Juwelen vor den Toren Augsburgs* von F. Hiemeyer vermittelt allgemein verständlich die Artenvielfalt der Heiden und die Herkunft der Pflanzen.
2 Die wissenschaftliche Darstellung typischer Pflanzengesellschaften der Heiden am Nördlichen Lech in Abhängigkeit vom Wasserfaktor in: G. Riegel und F. Hiemeyer (2001): *Flora und Vegetation am Nördlichen Lech* (S. 74) lässt sich weitgehend auf alle Lechheiden übertragen.

1

2

3

4

Im Unteren Lechtal kommen alle vier in Deutschland nachgewiesenen Ragwurzarten vor. Sie haben zusammen mit vielen anderen seltenen Pflanzen die Lech-Heiden berühmt gemacht:
1 Hummel-Ragwurz
2 Spinnen-Ragwurz
3 Bienen-Ragwurz
4 Fliegen-Ragwurz

Ungemein bunt ist das Artenspektrum der Pflanzen und Tiere der Heiden:

1 Mücken-Händelwurz
2 Kleines Knabenkraut
3 Wanzen-Knabenkraut
4 Deutscher Enzian
5 Mehlprimel
6 Zierliche Sommerwurz
7 Büschel-Glockenblume
8 Gefranster-Enzian
9 Kamm-Wachtelweizen

Der Artenreichtum der Lechfeldheiden lässt sich noch an weiteren Beispielen verdeutlichen. Im Unteren Lechtal blühen alle vier in Deutschland vorkommenden Ragwurzarten, die Fliegen-, Hummel-, Bienen- und Spinnenragwurz. Allein auf der nur etwa 50 Hektar großen Königsbrunner Heide gibt es 15 Orchideenarten und 10 weitere in nördlich angrenzenden Bereichen des „Stadtwaldes Augsburg“.[1] Noch immer kommen auf den Heiden Schlingnatter, Ringelnatter und Kreuzotter vor, obwohl sich die Schlangen bezüglich ihrer ökologischen Ansprüche deutlich voneinander unterscheiden. Ungemein reich ist auch die Welt der Insekten, die letztlich nur in Teilbereichen erforscht ist.

Dabei weist jede Heide nicht nur im Landschaftsbild, sondern auch im Artenspektrum ganz spezielle Besonderheiten auf.[2] So befindet sich auf der Schießplatz-Heide das dichteste Vorkommen der Pyramiden-Spitzorchis Bayerns. Den Bestand der Sumpfgladiole auf der Königsbrunner Heide zählen Experten zu den größten in Mitteleuropa. Herbst-Schraubenstendel und Wanzen-Knabenkraut, zwei seltene Orchideenarten, sind auf der Hurlacher Heide am häufigsten. Nur noch auf

1 Hiemeyer 1996, S. 224

2 Nicht selten weist das Artenspektrum auf Unterschiede im Bodenaufbau, im Grundwasserverhältnis und nicht zuletzt im Alter der Heiden hin. Auf den jüngeren und flussnahen Heiden dominieren aus den Alpen zugewanderte Arten, auf den älteren und flussfernen dagegen Arten aus kontinentalen Regionen.

1 Zwergbuchs
2 Kreuz-Enzian
3 Berg-Aster
4 Rauher Alant
5 Goldaster
6 Karthäuser Nelke
7 Silberdistel
8 Feuerlilie

1 Widderchen
2 Himmelblauer Bläuling (Männchen)
3 Feuriger Perlmutterfalter
4 Schwalbenschwanz
5 Wolfsmilchschwärmer
6 Warzenbeißer
7 Blaukernauge (Riedteufel)
8 Kleines Nachtpfauenauge (Weibchen)

Der seltene Gelbringfalter hat in den lichten Wäldern des „Stadtwaldes Augsburg“ bayernweit eines seiner letzten Biotope.

Von den einst bis nahe an die Donau reichenden Schneeheide-Kiefernwäldern ist – von einigen kleinen Resten an der Litzauer Schleife, bei Schongau und bei Epfach abgesehen – nur der Bestand im „Stadtwald Augsburg“ geblieben. Diesem größten Schneeheide-Kiefernwald im außeralpinen Lechtal kommt aus naturschutzfachlicher Sicht höchste Bedeutung zu.

Die Kalkflachmoore des „Stadtwaldes Augsburg“ zählen zu den letzten grundwassergespeisten Feuchtgebieten am bayerischen Lech.

1

2

3

4

In den lichten Kieferwäldern des Naturschutzgebietes „Stadtwald Augsburg“ gedeihen viele seltene Pflanzen:

1 Heideröschen
2 Türkenbund
3 Schwalbenwurz-Enzian
4 Regensburger Geißklee

der Königsbrunner Heide findet sich die Gold-Aster.

Im Naturschutzgebiet „Stadtwald Augsburg" haben sich außer einigen Heiden weitere Reste der alten Flusslandschaft des Lechfeldes erhalten. Zu diesen einst weit verbreiteten Auenbereichen zählen letzte Quelltöpfe, ein weit verzweigtes Netz unterschiedlicher Bäche[1], einige Kalkflachmoore und der größte Schneeheide-Kiefernwald am bayerischen Lech. Diese Lebensräume mit ihrer besonderen Pflanzen- und Tierwelt sind heute generell so selten und in ihrer Vernetzung ökologisch so wertvoll, dass der „Stadtwald Augsburg" als *Natura-2000*-Gebiet anerkannt ist.

Kalkflachmoore haben sich besonders in ehemaligen Flussrinnen, in denen Grundwasser ansteht, ausgebildet. Dieser Biotoptyp, der im gesamten Lechtal als Folge der Flussverbauung heute nur noch an wenigen Stellen vorkommt, beherbergt immer seltener werdende Pflanzen. Neben Mehlprimel und Gewöhnlichem Fettkraut zählen dazu letzte Exemplare des stattlichen Karlszepters und der aus den Alpen bis hierher zugewanderte Bach-Steinbrech. Das sich abzeichnende Erlöschen der beiden letztgenannten Arten lässt erkennen, wie negativ sich die Absenkung des Grundwasserspiegels durch die Flussverbauung noch immer auf Feuchtigkeit liebende Pflanzen und Tiere des Naturschutzgebietes auswirkt.

Ähnlich wie die Kalkflachmoore ist auch der Schneeheide-Kiefernwald in seinem Fortbestand gefährdet, und dies, obwohl diesem Waldtyp aus mehreren Gründen eine weit überregionale Bedeutung zukommt. Einmal gelten die insgesamt sehr rar gewordenen lichten Kiefernwälder voralpiner Schotterflächen als Relikte der späteiszeitlichen Kiefernwälder (S. 46). Damit zählen sie zu den ältesten Waldformen in Mitteleuropa. Zum anderen beherbergen sie eine Vielzahl seltener und seltenster Arten, darunter nicht wenige, die auf Grund der unterschiedlichen Klimaverhältnisse in den inneralpinen Schneeheide-Kiefernwäldern des Oberen Lechtales nicht vorkommen. Wie in den Alpen blüht auch hier die Schneeheide schon mitten im Winter. Später folgen die Blüten weiterer Zwergsträucher, vor allem des Heideröschens, des Zwergbuchses und des Regensburger Geißklees. An offenen Stellen gedeiht eine ganze Reihe von Heidearten, darunter viele Orchideen und der im Unteren Lechtal sehr selten gewordene Stengellose Enzian. Gleichzeitig ist nicht zu übersehen, dass nach der Einstellung der Waldbeweidung in der Mitte des 20. Jahrhunderts eine zunehmend verfilzte Grasschicht und immer dichter werdendes Gestrüpp die wertvolle Bodenvegetation erstickt und eine Naturverjüngung der Kiefer ausschließt.[2] Ebenso ist zu erkennen, dass in den letzten Jahrzehnten durch die kompromisslose Aufforstung lichter Kiefernwälder mit Edellaubhölzern vielerorts die ursprüngliche Waldform inmitten des Naturschutzgebietes vernichtet wurde.[3] Das Beweidungsprojekt des Landschaftspflegeverbandes der Stadt Augsburg (siehe S. 162) lässt – endlich! – einen Hoffnungsschimmer für den Erhalt dieser Waldform samt ihrer einzigartigen Pflanzen- und Tierwelt erblicken.

1 Neben größeren, teils künstlich angelegten Bächen, die seit Jahrhunderten Brauchwasser in die Stadt Augsburg führen, finden sich in alten Flussrinnen noch einige Quellbäche. Diese „Gießer" sind nach der Grundwasserabsenkung durch die Flussverbauung heute selten.

2 Über Jahrzehnte hatte man zudem den Schneeheide-Kiefernwäldern jegliche naturschutzfachliche Betreuung verweigert.

3 Müller, N. 1991, S. 95 u. S. 96.

Neue Wege im Naturschutz am bayerischen Lech

„Mehr Leben im und mehr Leben am Lech“

Zeitgemäße Naturschutzarbeit schafft bereits bei Kindern auf spielerische Weise das Bewusstsein für „unseren Lech“.

Verfahrener könnte die Situation nicht sein: Inmitten einer kaputten Wildflusslandschaft und abgekoppelt vom Fluss liegen letzte Reste auentypischer Biotope. Unter heutigen Bedingungen, d. h. nach der Verbauung aller bayerischen Alpenflüsse, gelten diese Biotope als Schatzkammern einer ganz besonderen und deshalb sehr wertvollen Artenvielfalt. Vielen von ihnen ist deshalb der international anerkannte Schutzstatus „Natura 2000-Gebiet“ zuerkannt worden. Gleichzeitig ist unumstritten, dass diese Gebiete nach der Flussverbauung und nach Aufgabe der Weidewirtschaft in der Mitte des letzten Jahrhunderts in ihrem Fortbestand ausnahmslos hochgradig gefährdet sind. Eine „Unterschutzstellung“ allein kann – das haben leidvolle Erfahrungen gerade im Lechtal gezeigt – den schleichenden Artenschwund nicht aufhalten. Längst besteht deshalb unter Fachleuten Konsens, dass auf Dauer nur neue Ideen und neue Wege erfolgreich sein können.

Den Lech als Ganzes sehen, Verbundsysteme schaffen, Rückbesinnung auf traditionelle Landnutzung durch Beweidung und engagierte Öffentlichkeitsarbeit für „unseren Lech“ – das waren die neuen Akzente, die das 1998 begonnene Projekt „Lebensraum Lechtal“ gesetzt hatte. Freilich, und so hatten es auch die Akteure gesehen, kann das nur der Beginn einer umfassenden Naturschutzarbeit am Lech sein. Der Erhalt lichter Wälder, die Wiedervernässung von Auenbereichen und ein umfassender Verbund auentypischer Biotope müssen weitere Zielsetzungen sein. Vorrangig muss auch am Fluss selbst etwas geschehen: Renaturierung allerletzter Fließstrecken, funktionsfähige Durchlässe für Fische und Flussschotter durch alle Wehre und eine naturnahe Gestaltung von Ufer- und Stauwurzelbereichen der alten Staustufen. Endlich ist auch ein für allemal anzuerkennen, dass Naturschutzgebiete für den Naturschutz und nicht für neue Kraftwerke da sind. Mehr Leben im und mehr Leben am Lech, diese zukunftsweisende Vision hat Natur und Lechanwohner gleichermaßen im Blickfeld. Sie deckt sich mit gesetzlich verankerten Vorgaben: „Aus der Verantwortung des Menschen für die natürlichen Lebensgrundlagen, auch für die künftigen Generationen, sind Natur und Landschaft ... so zu schützen, zu pflegen, zu entwickeln und, soweit erforderlich, wieder herzustellen, dass ... 4. die Vielfalt, Eigenart und Schönheit sowie der Erholungswert von Natur und Landschaft auf Dauer gesichert ist. (Bayerisches Naturschutzgesetz, I. Abschnitt, Art. 1).

Ein wegweisendes Projekt des Landschaftspflegeverbandes Stadt Augsburg: Die Waldbeweidung durch Przewalski-Pferde soll lichte Kiefernwälder in der Lechaue samt ihrem besonderen Arteninventar erhalten.

Die Wolfzahnau gilt als der „Dschungel Augsburgs“.

Der Nördliche Lech[1]

Noch im Stadtbereich Augsburgs mündet die Wertach in den Lech. Im Zwickel der beiden Flüsse liegt wie ein Stück vergessenes Land die Wolfzahnau. Entsprechend schilderte schon 1858 der Historiker W. H. Riehl diese Aue: „… so ist dieser merkwürdige Punkt doch fast unzugänglich, eine Wildnis mit dem abschreckenden Namen der ‚Schinderinsel‘; das nächste Haus heißt der ‚Wolfzahn‘ und nahe dabei residiert der Abdecker.“ Von forstlichen Eingriffen weitgehend verschont hat sich hier ein urwüchsiger Wald, der „Dschungel Augsburgs“ entwickelt. Im Frühling übertönt der Vogelgesang selbst das Summen der Motoren aus den Fabriken der benachbarten Großindustrie. Leider blieb dieser kleinen Wildnis der Status eines Naturschutzgebietes verwehrt. Zu groß waren die Ängste der ansässigen Konzerne vor einem Stückchen geschützter Natur vor den Fabriktoren.

1 Die Bezeichnung „Der Nördliche Lech“ für den Flussabschnitt von Augsburg bis zur Mündung in die Donau geht auf die gleichnamige Publikation des Naturwissenschaftlichen Vereins für Schwaben zurück.

Junge Waldohreulen in der Wolfzahnau

Nördlich von Gersthofen, wo das Wasser des Lechs in einen 20 Kilometer langen Seitenkanal geleitet wird, führt der Fluss nur noch wenig Wasser. In trockenen Zeiten schlängeln sich lediglich aus Sickerwasser gespeiste Rinnsale durch die Kiesflächen. Hier findet der Flussregenpfeifer eines seiner landesweit größten Brutreviere, so lange nicht Hochwasser schlagartig das ganze Flussbett mit reißenden Wasserfluten füllt.

Von der ursprünglichen Aue sind einige Bäche, Heiden und Brennen geblieben. In

Nach der Ableitung des Wassers in einen Seitenkanal bleibt dem Lech in seinem Stammbett bei Langweid nur noch wenig Restwasser.

diesen – gemessen am früheren Reichtum des Flusstales freilich nur kleinen – Resten haben sich bis in unsere Zeit seltene und anderswo längst ausgestorbene Pflanzen und Tiere erhalten. Ein botanisches Kuriosum ist das Taglilienfeld bei St. Stephan. Hier blühen im Juni auf einer Fläche von 50 fk 60 Metern Tausende prächtiger Trichterlilien.

Auch wenn die heutige Landschaft am Nördlichen Lech mit der alten Flusslandschaft nicht zu vergleichen ist, liegen hier immer noch wichtige Feuchtgebiete wie das Altwasser am „Ellgauer Speichersee" und klare Bäche wie der Höhgraben, die Münsterer Alte und der wieder neu bewässerte Branntweinbach. Dazu kommen weit über 100 Baggerseen, die – würde man nur einen Teil der Natur überlassen – für einige Arten der Aue wertvolle Ersatzlebensräume bilden könnten.

Nach den ausbleibenden Überflutungen hat sich der flussbegleitende Wald immer mehr vom Auwald zum Landwald entwickelt. Noch am urwüchsigsten

Für den Flussregenpfeifer sind die Kiesflächen des Nördlichen Lechs ein wichtiges Brutgebiet.

Letztes Refugium für viele Pflanzen und Tiere der einstigen Auenlandschaft sind die kleinen Heideflächen am Nördlichen Lech.

1

2

3

4

5

6

7

8

< Die Insekten-Welt der Heiden am Nördlichen Lech weist besondere, darunter auch sehr seltene Arten auf:
1 Mittlerer Weinschwärmer
2 Großer Gabelschwanz
3 Weißer Hartheuspanner
4 Wald-Wiesenvögelchen
5 Kreuzenzian-Ameisenbläuling
6 Skorpionfliege
7 Schwarzer Weberbock
8 Große Goldschrecke

zeigt er sich zwischen Todtenweiß und Oberndorf, wo Grauerlenwälder stocken und in einigen Bereichen bis heute die früher übliche Niederwaldbewirtschaftung erfolgt. An einen kleinen Urwald erinnert besonders der Lechabschnitt bei Ellgau, wo sich die Waldrebe bis in die Baumwipfel windet, wo letzte Altwässer liegen und klare Bäche durch die Aue fließen. Entsprechend artenreich ist hier die Vogel- und Insektenwelt. Hier brüten Gänsesäger, Pirol und Eisvogel.

Die „Märchenwiese" des Taglilienfeldes bei St. Stephan zieht zur Blütezeit Hunderte von Besuchern an.

Für einige Arten der Aue können Baggerseen einen wichtigen Ersatzlebensraum bieten, vorausgesetzt man lässt hier der Natur Vorrang: Kiesweiher im Naturschutzgebiet „Lechaue westlich Todtenweis".

Der Pirol zählt zu den besonders prächtigen Vögeln des Auwaldes.

Der Auwald des Naturschutzgebietes „Lechauen bei Thierhaupten“ wirkt in Teilabschnitten noch immer wie ein kleiner Urwald.

Die verbliebenen Bäche im Nördlichen Lechtal sind nicht zuletzt wegen ihrer hohen Wasserqualität ein wichtiger Lebensraum seltener Arten: „Münsterer Alte“ bei Ötz.

Der Eisvogel fischt im Nördlichen Lechtal vor allem an klaren Bächen.

Dank der Vielfalt der Gewässer im Nördlichen Lechtal ist die Fauna der Libellen sehr artenreich:

1 Gebänderte Prachtlibelle
2 Gebänderte Heidelibelle
3 Gemeine Heidelibelle
4 Kleine Zangenlibelle
5 Helm-Azurjungfer
6 Gemeine Federlibelle

Der Lech-Donau-Winkel

Nördlich von Thierhaupten weitet sich das Tal immer mehr, bis es allmählich in die Donauebene übergeht. Von der einstigen moorigen Niederung des Oberndorfer Rieds sind außer dem Namen „Ried" nur noch einige schilfbestandene Feuchtflächen und kleine Tümpel geblieben. Die Ebene scheint hier am südlichen Horizont in den Himmel überzugehen. Im Norden erheben sich jenseits der Donau die Höhenzüge der Alb, die bei der Lechmündung bis direkt an den Fluss reichen. Der letzte Stau vor der Mündung ist ein Naturschutzgebiet, die „Vogelfreistätte Feldheimer Stausee". Im Stauwurzelbereich brüten seltene Wasservögel. Zudem ist die Region für nordische Wintergäste ein so wichtiger Rast- und Überwinterungsplatz, dass dem Gebiet nach der Ramsar-Konvention[1] international gültiger Schutzstatus zukommt.

Vor der Mündung des Lechs begleiten herrliche Baumbestände, vorwiegend alte Weiden den Fluss. Hier wird der

1 International gültiges Abkommen zum Schutz von Feuchtgebieten, insbesondere als Lebensraum für Wasser- und Watvögel.

Kleine Feuchtflächen und Tümpel erinnern an die einstige ausgedehnte moorige Landschaft des Oberndorfer Riedes.

Vor dem letzten Stau, der „Vogelfreistätte Feldheimer Stausee" ist der Lech begradigt: Blick von der Lechbrücke bei Rain am Lech.

Regelmäßig überwintern im Mündungsbereich Singschwäne. Ihr Brutgebiet liegt im äußersten Norden Europas.

Die Auwälder im Mündungsbereich entlang der Donau zählen zu den wertvollsten Auenregionen Bayerns.

Ein besonderes Erlebnis sind die Auwälder um die Lechmündung im Frühling zur Zeit der Märzenbecherblüte.

Auwald bei größeren Hochwasserereignissen noch überschwemmt. Mit seinen Altwässern, Bachläufen und ehemaligen Flussrinnen zählt das Gebiet zu den wertvollsten Auenlandschaften Bayerns. Ein Erlebnis ist die Aue vor allem im Frühling. Dann überziehen mit ihrem weißen Blütenteppich unzählige Märzenbecher und etwas später der Bärlauch den Waldboden. Dazwischen blühen Blaustern, Schlüsselblume, Seidelbast und Lungenkraut. Im Fluss und auf den Altwässern balzen die Wasservögel. Äußerst vielstimmig ist das Vogelgezwitscher, in das sich das Quaken der Frösche mischt.
Lechsend[1] heißt ein kleiner Ort etwas westlich vom Mündungsgebiet am Abhang der Alb. Von hier reicht der Blick zurück über die weite Landschaft des Lechtales bis nach Augsburg, an klaren Föhntagen nicht selten bis zu den Alpen.

1 Der Ort Lechsend hieß früher Lechsgmund.

Märzenbecher und Zweiblättriger Blaustern sind die bekanntesten Frühlingsblumen der Auwälder.

Alte Baumbestände, vor allem Weiden, begleiten den Lech auf seinem letzten Stück kurz vor der Mündung.

Inmitten des Auwaldes mündet der Lech in die Donau.

Verwendete und weiterführende Literatur

Abkürzungen

AÖS = Augsburger Ökologische Schriften 2, Der Lech – Wandel einer Wildflußlandschaft. Hrsg. von der Stadt Augsburg. Augsburg 1991.

BNV = Berichte des Naturwissenschaftlichen Vereins für Schwaben.

NL = Der Nördliche Lech – Lebensraum zwischen Augsburg und Donau. Naturwissenschaftlicher Verein für Schwaben. Sonderbericht 2001.

NVS = Naturwissenschaftlicher Verein für Schwaben, Sonderbericht.

V und F = Vor- und Frühgeschichte. Archäologie einer Landschaft. Der Landkreis Augsburg, Bd. 2, hrsg. von Pötzl, W. und Schneider, O. Augsburg 1996.

Allgemeines, regionale Übersichten und Führer

Deutscher Alpenverein Sektion Stuttgart (Hrsg.) (2000): Naturerlebnis – Lechtaler Alpen. Stuttgart.

Deutscher Verband für Landschaftspflege (Hrsg.): Lebensraum Lechtal – zwischen Füssen und Hohenfurch – ein Naturführer durch Zeit und Landschaft. Ansbach.

Fuchs, F. (1984): Heimat Ausserfern. Reutte.

Gamerith, W. (2002): Lechtal – Eine Landschaft erzählt ihre Geschichte. Innsbruck.

Grieser, G., Nasemann, P. u. Magnus, P. (2004): Der Forggensee – Bilder aus einer versunkenen Welt. Schwangau.

Hauntinger, J. N. : Reise durch Schwaben und Bayern im Jahre 1784. Neu hrsg. von Spahr, G. (1964). Weißenhorn.

Hiemeyer, F. (2002): Königsbrunner und Kissinger Heide – Juwelen vor den Toren Augsburgs. NVS.

Kostenzer, J., Lechenbauer, A. u. Vorauer, A.: Fluss-Erlebnisführer – Naturpark Tiroler Lech – Wildflusslandschaft. Innsbruck.

Nasemann, P. (1994): Lebensraum Füssener Lech – Eine kleine Heimatkunde. Füssen.

Riedl, A. von (1806): Strom-Atlas von Baiern. München.

Riehl, W. H. (1859): Augsburger Studien. In: Culturstudien. Stuttgart, S. 261–317.

Thalmair, M. (2002): Römisch oder vorrömisch? – Ein Beitrag zu den Namen „Füssen“ und „Lech“, hrsg. vom Historischen Verein „Alt-Füssen“ e. V. Füssen.

Geologie und Geographie

Bürger, A. (1991): Geographie und Flussbettmorphologie des Lech. In: AÖS S. 31–36.

Dietmair, G. (2006): Die Geröllfracht des Lechs, ihre Herkunft und Verwendung. NVS.

Dietmair, G. u. Franke, H. (2001): Gebirge auf Wanderschaft – die Gerölle des Lech. In: NL, S. 55–62.

Diez, T. (1968): Die würm- und postglazialen Terrassen des Lech und ihre Bodenbildung. In: Eiszeitalter und Gegenwart, Bd. 19, S. 102–128.

Eglhofer, A. (1994): Die Flussterrassen des Lechs und das Denklinger Loch. In: 2000 Jahre Epfach. Dießen, S. 185–189.

Fischer, H. (1950): Zur Hydrographie des Lech. Ber. Naturforsch. Gesellschaft Augsburg, Heft 3.

Gamerith, W. (2002): Lechtal – Eine Landschaft erzählt ihre Geschichte. Innsbruck.

Mangelsdorf, J. (1984): Geologie. In: 100 Jahre Wasserbau am Lech zwischen Landsberg und Augsburg. Schriftenreihe Bayerisches Landesamt für Wasserwirtschaft, Heft 19, S. 15–18.

Nasemann, P. (2007): Der Lech im Gebirge. Innsbruck.

Oblinger, H. (2001): Das Nördliche Lechtal in Vergangenheit und Gegenwart. In: NL, S. 11–44.

Scheuenpflug, L. (1993): Der Lech und seine Geschichte. In: Landschaft und Natur. Der Landkreis Augsburg. Augsburg 1993. Bd. 1, S. 131–136.

Scholz, H. (1995): Bau und Werden der Allgäuer Landschaft. Stuttgart.

Zacher , W. (1964): Erläuterungen zur geologischen Karte von Bayern 1: 25 000, Blatt 8430 Füssen, München.

Landschafts- und Flussgeschichte (einschließlich Flößerei und Wasserbau)

Bauer, F. (1979): Das flussmorphologische Verhalten des bayerischen Lechs. Schriftenreihe Bayerisches Landesamt für Wasserwirtschaft, Heft 9.

BAWAG (Hrsg.) (1988): Der Lech und der Lechausbau. München.

Bayerisches Landesamt für Wasserwirtschaft (Hrsg.) (1984): 100 Jahre Wasserbau am Lech zwischen Landsberg und Augsburg. Schriftenreihe Bayerisches Landesamt für Wasserwirtschaft, Heft 19.

Böhm, R. (1994): Der Lech – eine Lebensader in Füssens Geschichte. In: Nasemann, P.: Lebensraum Füssener Lech – Eine kleine Heimatkunde. Füssen, S. 43–60.

Deisser, J. (1927/28): Trift und Flößerei auf Lech und Wertach von 1500–1900. In: Alt-Füssen. Historische Beilage zum Füssener Blatt 1927, Nr. 20–34 und 1928, Nr. 1–8.

Drexler, S. (2006): Entwicklung der Lech-Flusslandschaften von 1856 bis 2002. Diplomarbeit. Universität für Bodenkultur. Wien.

Filser, K. (1985): Die Endphase der Lechflößerei. Aus den Aufzeichnungen des letzten Floßmeisters von Apfeldorf, Joseph Schwaller (1844–1909). In: Landsberger Geschichtsblätter, 7. Sammelband 1982–1985, S. 31–34.

Filser, K. (1989): Die Rolle der Lech- und Illerflößerei im Handwerksverkehr zwischen Tirol und Schwaben. In: Schwaben-Tirol. Historische Beziehungen zwischen Schwaben und Tirol von der Römerzeit bis zur Gegenwart. Beiträge, Rosenheim, S. 233 – 239.

Fischer, H. (1966): Der alte Lech. 18. Bericht der Naturforschenden Gesellschaft Augsburg, S. 73–104.

Geistbeck, A. (1898): Der Boden des heimischen Florengebietes. In: Weinhart, M. u. Lutzenberger, H.: Flora von Augsburg. Sonderdruck aus den 33. Berichten des Naturwissenschaftlichen Vereins Schwaben und Neuburg.

Grieser, G. (2004): Erinnerung an eine verlorene Heimat – eine historische Zeitreise. In: Grieser, G., Nasemann, P. u. Magnus, P.: Der Forggensee – Bilder aus einer versunkenen Welt. Schwangau, S. 35–43.

Gumppenberg-Pöttmes, Joseph von (1854): Der Wasserbau an den Gebirgsflüssen oder praktische Anleitung, die Gebirgsflüsse dort, wo sie in zerstreuten Rinnsalen das flache Land verwüsten, oder endlich die sie aufnehmenden Hauptströme versanden, ihrer Natur entsprechend zu behandeln. Augsburg.

Jacob, W. (1955): Der Forggensee bei Füssen. In: Gemeinschaft und Politik, S. 3–16.

Jäger, H. (1994): Einführung in die Umweltgeschichte. Darmstadt.

K. Staatsministerium des Inneren (1910): Die Ausnützung der Wasserkräfte Bayerns. Entwicklung in den Jahren 1908 u.1909. München.

Kollman, F. (1850): Die Wasserwerke von Augsburg. Augsburg.

Küster, H. (1997): Geschichte der Landschaft in Mitteleuropa. München.

Leidel, G. u. Franz, M. R. (1998): Altbayerische Flusslandschaften. Weißenhorn.

Mayer, G. (1914): Die Lechhochwasserkata-

strophe 1910 nebst einer Vorgeschichte des Hochablasswehres. Augsburg.
Micheler, A. (1953): Der Lech: Bild und Wandel einer voralpinen Flußlandschaft. Jahrbuch des Vereins zum Schutz der Alpenpflanzen und -tiere 18, S. 53–68.
Müller, N. (1991): Veränderungen alpiner Wildflusslandschaften in Mitteleuropa unter dem Einfluß des Menschen. In: AÖS, S. 9–30.
Oblinger, H. (2001): Das Nördliche Lechtal in Vergangenheit und Gegenwart. In: NL, S. 11–44.
Oelwein, C. (2005): Die Geschichte der Fischerei in Schwaben. Augsburg.
Rapp, R. (1984): Wasserkraftnutzung der bayerischen Wasserkraftwerke AG. In: 100 Jahre Wasserbau am Lech zwischen Landsberg und Augsburg. Schriftenreihe Bayerisches Landesamt für Wasserwirtschaft 19, S. 57–61.
Raster, B. (1979): Nutzung und anthropogene Veränderung des Lechs in historischer Zeit. Dissertation, Universität Würzburg.
Schaezler, W. Freiherr von (1957): Avifauna im Gebiet rechts des Lechs – ein Rückblick auf 60 Jahre von Scherneck (Lkrs. Aichach) aus. Abhandlungen des Naturwissenschaftlichen Vereins für Schwaben in Augsburg XII, S. 141–145.
Schreiber, U. (1985): Das Lechtal zwischen Schongau und Rain im Hoch-, Spät- und Postglazial. Sonderveröffentlichung, Geologisches Institut der Universität Köln.

Geschichte

Babucke, A. (1997): Nach Osten bis an den Lech. Zur alemannischen Besiedlung der westlichen Raetia Secunda. In: Die Alamannen. Hrsg. vom Archäologischen Landesmuseum Baden-Württemberg. Ausstellungskatalog. Stuttgart. S. 249–259.
Czysz, W., Dietz, K., Fischer Th. u. Kellner, H.-J. (1995): Die Römer in Bayern. Stuttgart.
Czysz, W. (1996): Das Umland von Augsburg in der römischen Kaiserzeit. V und F, S. 203–266.
Fried, P. (1979): Zur Entstehung und frühen Geschichte der alamannisch-baierischen Stammesgrenze am Lech. In: Fried, P. (Hrsg.): Bayerisch-schwäbische Landesgeschichte an der Universität Augsburg 1975–1977 – Vorträge, Aufsätze, Berichte. Sigmaringen, S. 47–67.
Fried, P. (2002): Der Lechrain heute – Nachklang einer verklungenen Geschichtslandschaft. In: Heimatverband Lech-Isar-Land. Weilheim i. Obb., S. 27–36.
Groos, W. (1979): Der Gunzenlee und das Lechfeld. Augsburger Blätter, Jahrgang 5, Heft 3, S. 98–102.
Gruber, U., Mahnkopf, G., Meixner, D., Pechtl, J. u. Steguweit, L. (2008): Steinzeit im Landkreis Augsburg. Friedberg.
Hennig, H. (1996): Die frühe Eisenzeit (Hallstattzeit). In: V und F, S. 140–181.
Kociumaka, C. (1996): Die Steinzeit im Landkreis Augsburg. In: V und F, S. 35–71.
Knussert, R. (1955): Das Füssener Land in früher Zeit. Allgäuer Heimatbücher 53. Kempten.
Krahe, G. (1996): Das neue Bild der Vor- und Frühgeschichte im Landkreis Augsburg – eine Einführung: In: V und F, S. 11–18.
Lantschner-Wolf, A. (1990): Bevölkerung und Wirtschaft im Oberen Lechtal. In: Rettet den Tiroler Lech. Die letzte Wildflußlandschaft in den Nordalpen, hrsg. vom Verein zum Schutz der Bergwelt. Sonderdruck aus dem Jahrbuch 1990/55. Jahrgang, S. 5–24.
Meixner, D. (2008): Grenzland – Siedlungsdynamik mittel- und jungneolithischer Kulturgruppen am Lech. In: Gruber, U., Mahnkopf, G., Meixner, D., Pechtl, J. u. Steguweit, L (2008): Steinzeit im Landkreis Augsburg. Friedberg. S. 38–57.
Schiller, F. (1988): Geschichte des Dreißigjährigen Kriegs. In: ders.: Sämtliche Werke, 7. Aufl. 4. Bd. München, S. 363–745.
Schneider, O. (1996): Die Bronzezeit. In: V und F, S. 72–110.
Scholz, H. (1995): Bau und Werden der Allgäuer Landschaft. Stuttgart.
Schröppel, J. u. Gehlen, B. (1996): Steinzeitliche Siedlungen. In: Schwangau – Dorf der Königschlösser. Sigmaringen, S. 67–72.
Trier, M. (1996): Die frühmittelalterliche Besiedlung des Lechtals im Spiegel der archäologischen Überlieferung. In: V und F, S. 267–322.
Uenze, P. H. (1996): Die Latenezeit. In: V und F, S. 182–202.
Uhlig, O. (2003): Die Schwabenkinder aus Tirol und Vorarlberg. Innsbruck.
Weitlauff, M. (2003): Das Lechfeld – Die Entscheidungsschlacht gegen die Ungarn 955. In: Schmid, A. u. Weigand, K. (Hrsg.): Schauplätze der Geschichte in Bayern. München, S. 55–74.
Wirth, St. (1996): Die Urnenfelderzeit. In: V und F, S. 111–139.
Wirth, St. (1998): Zur frühen Besiedlung des Lechtals. In: Müller, N. (Hrsg.): Zur Vegetation der Nordalpen und des Alpenvorlandes. Exkursionsführer zur 48. Jahrestagung der Flor.-soz. Arbeitsgemeinschaft. Augsburg, S. 29–34.
Wirth, St. (1999): Grabfunde der späten Bronzezeit und der Urnenfelderzeit von Augsburg-Haunstetten und Friedberg in Bayern. Ein Beitrag zur vorgeschichtlichen Besiedlung des Lechtales. Augsburger Beiträge zur Archäologie, Bd. 1. Augsburg.

Sprachgrenze, Dialektforschung

Finsterwalder, K. (1995): Tiroler Ortsnamenkunde. Gesammelte Aufsätze und Arbeiten. Hrsg. von Ölberg, H. M. und Grass, N. Bd. 3: Einzelne Landesteile betreffende Arbeiten Südtirol und Außerfern. Innsbruck.
König, W. (2001): Der Nördliche Lech als Sprachgrenze. In: NL, S. 45–54.
König, W. u. Renn, M. (2007): Kleiner Sprachatlas von Bayerisch-Schwaben. Augsburg.
Lechner, J. (1983): Bäuerliches Leben und Arbeiten in Rehling und im nordwestlichen Aichacher Land um die Jahrhundertwende. Ein Beitrag zur Mundart und Volkskunde an der bairisch-schwäbischen Sprachgrenze. Frankfurt-Bern.
Nübling, E. (1991): Der Lechrain als sprachliche Saumlandschaft zwischen den süddeutschen Großmundarten Bairisch und Schwäbisch-Alemannisch. In: Augsburger Beiträge zur Landesgeschichte Bayerisch-Schwabens, Bd. 4, S. 235–315.

Landschaftsökologie und Naturschutz

Bayerisches Staatsministerium für Umwelt, Gesundheit und Verbraucherschutz (Hrsg.) (2006): Lebensraumvernetzung an Fließgewässern am Beispiel Lech. München.
Benischke, F. u. Rayner, K. (Hrsg.) (2000): Verträgt Österreich noch weitere Nationalparks? Das Beispiel Tiroler Lechauen Nationalpark. Natur in Tirol. Naturkundliche Beiträge der Abteilung Umweltschutz, Bd. 11.
Braun, J. (2001): Unser Lech – eine Zukunftsvision. In: NL, S. 255–260.
Bresinsky, A. (1962): Wald und Heide vor den Toren Augsburgs. Zerfall berühmter Naturschutzgebiete? Jahrbuch des Vereins zum Schutz der Alpenpflanzen und -tiere 27, S. 125–141.
Bund Naturschutz in Bayern e. V. (Hrsg.) (1998): Auch für die Zukunft. Lebensader Lech. Regensburg.
Egger, G., Aigner, S. u. Angermann, K. (2007): Vegetationsdynamik einer alpinen Wildflusslandschaft und Auswirkungen von Renaturierungsmaßnahmen auf das Störungsregime, dargestellt am Beispiel des Tiroler Lechs. Verein zum Schutz der Bergwelt 72, S. 5–54.
Ehrhardt, H. (1994): Der Füssener Lech: Ökologie und Naturschutz. In: Nasemann, P.: Lebensraum Füssener

Lech – Eine kleine Heimatkunde. Füssen, S. 43–60.
Kostenzer, J. (2007): Öffentlichkeitsarbeit bei Naturschutzprojekten am Beispiel des Life-Projekts Wildflusslandschaft Tiroler Lech. In: Natur in Tirol. Naturkundliche Beiträge der Abteilung Umweltschutz. Bd. 13, S. 23–35.
Kraus, O. (1955): Der Lech in neuen Fesseln? – Erhaltung oder Untergang einer Urlandschaft. Jahrbuch des Vereins zum Schutze der Alpenpflanzen und -tiere 20, S. 33–35.
Kraus, O. (1961): Vom Ausverkauf der alpinen Gewässer. Jahrbuch des Vereins zum Schutze der Alpenpflanzen und –tiere 26, S. 43–45.
Lentner, R., Schletterer, R. u. Moritz, Ch. (2007): Life-Projekt: Wildflusslandschaft Tiroler Lech. In: Natur in Tirol. Naturkundliche Beiträge der Abteilung Umweltschutz. Bd. 13, S. 12–21.
Micheler, A. (1951): Naturdokumente im Grenzbereich Schwabens und Oberbayerns. Natur- und Landschaftspflege, Heft 1.2.
Müller, N. (1990 a): Die übernationale Bedeutung des Lechtales für den botanischen Arten- und Biotopschutz und Empfehlungen zu deren Erhaltung. Schriftenreihe des Bayerischen Landesamtes für Umweltschutz 99, S. 17–40.
Riegel, G. (2001): Das Projekt „Lebensraum Lechtal" – ein Beitrag zur nachhaltigen Landschaftsentwicklung am Lech. In: NL, S. 252–254.
Seibert, P. (1958): Die Pflanzengesellschaften im Naturschutzgebiet „Pupplinger Au". Landschaftspflege und Vegetationskunde H. 1. München.
Verein zum Schutz der Bergwelt (Hrsg.) (1990): Rettet den Tiroler Lech. – Die letzte Wildflusslandschaft in den Nordalpen. München.

Flora und Vegetation

Bresinsky, A. (1959): Die Vegetationsverhältnisse der weiteren Umgebung Augsburgs. Bericht der Naturforschenden Gesellschaft 65.
Bresinsky, A. (1962): Wald und Heide vor den Toren Augsburgs. Zerfall berühmter Naturschutzgebiete? Jahrbuch des Vereins zum Schutz der Alpenpflanzen und -tiere 27, S. 125–141.
Bresinsky, A. (1991): Die Trockenrasen des Lechfeldes: Arteninventar und Konsequenzen für den Schutz von Pflanzenarten. In: AÖS, S. 69–78.
Caflisch, F. (1848): Die Vegetationsgruppen in der Umgebung Augsburgs. Bericht des Naturhistorischen Vereins Augsburg 1, S. 9–16.
Egger, G., Aigner, S. u. Angermann, K. (2007): Vegetationsdynamik einer alpinen Wildflusslandschaft und Auswirkungen von Renaturierungsmaßnahmen auf das Störungsregime, dargestellt am Beispiel des Tiroler Lechs. Jahrbuch des Vereins zum Schutz der Bergwelt 72, S. 5–54.
Hiemeyer, F. (1972): Vom Wandel der Flora in der Umgebung von Augsburg in den letzten 100 Jahren. Berichte des Naturwissenschaftlichen Vereins für Schwaben 76, S. 25–34.
Hiemeyer, F. (Hrsg.) (1978): Flora von Augsburg. NVS.
Hiemeyer, F. (1980): Das Naturschutzgebiet „Stadtwald Augsburg". BNV 84, S. 4–13, 63–69 u. 85–92.
Hiemeyer, F. (1991): Der Lech südlich von Augsburg, einst und heute – und was weiter. In: AÖS, S. 59–68.
Hiemeyer, F. (1996): Königsbrunner Heide und Garchinger Heide – ein Vergleich. Ber. Bayer. Bot. Ges. 66/67, S. 219–228.
Hiemeyer, F. (2001): Das Taglilienfeld und der nördlich an das Taglilienfeld angrenzende Auenwald. In: NL, S. 83–87.
Hiemeyer, F. (2002): Königsbrunner und Kissinger Heide – Juwelen vor den Toren Augsburgs. Naturführer. NVS.
Klement, O. (1966): Die Vegetationsverhältnisse in der einstigen Lechschlucht Illasberg bei Roßhaupten. Bericht der Naturforschenden Gesellschaft 65, S. 37–72.
Meindl, C. u. Poschlod, P. (2007): *Tephroseris integrifolia* ssp. *vindelicorum* – eine Populationsgefährdungsanalyse. Biologie und Ökologie einer endemischen Kalkmagerrasenart in Bayern. Hoppea 68, S. 115–168.
Meindl, C. (2007): Augsburger Steppengreiskraut – *Tephroseris integrifolia* ssp. *vindelicorum* B. Krach. – Merkblatt Artenschutz 9 des Bayerischen Landesamtes für Umweltschutz.
Micheler, A. (1953): Der Lech: Bild und Wandel einer voralpinen Flußlandschaft. Jahrbuch des Vereins zum Schutz der Alpenpflanzen und –tiere 18, S. 53–68.
Müller, N. (1988): Flora und Vegetation des Lech bei Forchach (Reutte-Tirol) – letzte Reste voralpiner Wildflusslandschaften. Natur und Landschaft 65, S. 21–27.
Müller, N. (1990 b): Das Lechtal – Zerfall einer übernationalen Pflanzenbrücke, dargestellt am Lebensraumverlust der Lechfeldhaiden. BNV 94, S. 26–39.
Müller, N. u. Bürger, A. (1990): Flussmorphologie und Auenvegetation des Lech im Bereich der Forchacher Wildflusslandschaft. Jahrbuch des Vereins zum Schutz der Bergwelt 55, S. 123–154.
Oblinger, H. (1976): Das „Forchet" bei Epfach – ein Beispiel des präalpinen Schneeheide-Föhrenwaldes. BNV 80, S. 34–50.
Riegel, G. u. Hiemeyer, F. (2001): Flora und Vegetation am Nördlichen Lech. In: NL, S. 65–82.
Schauer, T. (1984): Vegetation. In: 100 Jahre Wasserbau am Lech zwischen Landsberg und Augsburg, Schriftenreihe Bayerisches Landesamt für Wasserwirtschaft, Heft 19, S. 73–82.

Fauna

Bauer, U. (1990): Die Bedeutung der Vogelwelt am oberen Lech südlich von Füssen bis Steeg. In: Rettet den Tiroler Lech. Die letzte Wildflusslandschaft in den Nordalpen, hrsg. vom Verein zum Schutz der Bergwelt. Sonderdruck aus dem Jahrbuch 1990/55. Jahrgang, S. 76–78.
Bauer, U. (2000): Die Brutvögel von Augsburg im Stadt- und Landkreis und dem angrenzenden Lechtal. NVS.
Bauer, U. (2001): Die Brutvögel des Nördlichen Lechtales. In: NL, S. 99–109.
Bauer U. u. Kuhn, K. (2001): Die Reptilien des Nördlichen Lechtals. In: NL, S. 110–115.
Fischer, A. (1926): Die Brutvögel auf den Lechkiesbänken. Vierundvierzigster Bericht des Naturwissenschaftlichen Vereins für Schwaben und Neuburg, S. 102–156.
Fischer, H. (1941): Hypochra albipennis und Aeolopus tergestinus ponticus neu für Großdeutschland. Mitteilungen der Deutschen Entomologischen Gesellschaft 10, S. 75–76.
Huemer, P. (1990): Das Nordtiroler Lechtal, ein Refugialraum bemerkenswerter Schmetterlingsarten. In: Rettet den Tiroler Lech. Die letzte Wildflusslandschaft in den Nordalpen, hrsg. vom Verein zum Schutz der Bergwelt. Sonderdruck aus dem Jahrbuch 1990/55. Jahrgang, S. 79–81.
Huemer, P. (1991): Bestandsaufnahme der Schmetterlinge (Lepidoptera) im Gebiet der Lech-Akkumulationsstrecke zwischen Stanzach und Forchach (Nordtirol, Österreich). Beilageband 4 zu den Veröffentlichungen des Museum Ferdinandeum. Innsbruck.
Kofler, A. (1979): Vierter Beitrag zur Käferfauna des Lechtales (Tirol: Österreich). Berichte des naturwissenschaftlichen-medizinischen Vereins in Innsbruck 66, S. 61–71.
Königsdorfer, M. u. Kuhn, K. (2001): Amphibien des Nördlichen Lech. In: NL, S. 116–123.
Kuhn, K. (2001). Libellen am Nördlichen Lech. In: NL, S. 139–146.
Kuhn, K. (2001): Die Laufkäfer des Nördlichen Lechs. In: NL, S. 159–167.

Landmann, A. u. Böhm, C. (1990): Das Flusssystem des Tiroler Lech – ornithologische Wertigkeit und Bedeutung für den Vogelschutz. Vogelschutz in Österreich 5, S. 21–30.
Landmann, A. (2003): Das Flusssystem des Tiroler Lech. Bedeutung für die Tierwelt. In: Natur in Tirol. Naturkundliche Beiträge der Abteilung Umweltschutz. Bd. 11, S. 45–63.
Landmann, A. (2007): Amphibien im Flusstal des Tiroler Lech: Einfluss der Raumstruktur auf Laichplatzangebot und Vorkommensdichten. In: Natur in Tirol. Naturkundliche Beiträge der Abteilung Umweltschutz. Bd. 13, S. 108–122.
Pfeuffer, E. (1996): Bestandsentwicklung der Tagfalterfauna im Unteren Lechtal seit 100 Jahren. Der Wandel einer Flusslandschaft und seine Folgen. Jahrbuch des Vereins zum Schutz der Bergwelt 61, S. 13–40.
Pfeuffer, E. (1997): Verschollene Tagfalterarten im Unteren Lechtal als Indikatoren für Veränderungen auentypischer Lebensräume. BNV 101, S. 52–68.
Pfeuffer, E. (2007): Die Heuschreckenfauna des Lechs – Der Wandel einer alpinen und außeralpinen Wildflusslandschaft und seine Folgen. Jahrbuch des Vereins zum Schutz der Bergwelt 72, S. 151–184.
Repa, J. (1999): Schwäbischer Fischatlas. Augsburg.
Repa, J. (2001): Historisches und aktuelles Fischvorkommen des Unteren Lechs nördlich von Augsburg. In: NL, S 124–131.
Schaezler, W. Freiherr von (1957): Avifauna im Gebiet rechts des Lechs – ein Rückblick auf 60 Jahre von Scherneck (Lkrs. Aichach) aus. Abhandlungen des Naturwissenschaftlichen Vereins für Schwaben in Augsburg XII, S. 141–145.
Smija, D. (1984): Fische und Fischerei im Lech seit dem 18. Jahrhundert. In: 100 Jahre Wasserbau am Lech zwischen Landsberg und Augsburg. Schriftenreihe des Bayerischen Landesamtes für Wasserwirtschaft 19, S. 51–55.
Steinberger, K.-H. (1996): Die Spinnenfauna der Uferlebensräume des Lech (Nordtirol, Österreich) (Arachnida: Araneae). – Berichte des naturwissenschaftlichen-medizinischen Vereins in Innsbruck 83: 187–210.
Stickroth, H. (2001): Mensch und Vogelwelt im Nördlichen Lechtal. Beispiele der Veränderungen. In: NL, S. 88–98.
Wilhelm, G. T. (1800): Unterhaltungen aus der Naturgeschichte. Der Fische zweyter Theil. Augsburg.

Register

Kursiv gedruckte Ziffern verweisen auf einen Begriff, der (auch) in einer Abbildung auf der entsprechenden Seite erscheint.

Orte

Landschaftseinheiten und natürliche/künstliche Landschaftsbestandteile

Pflanzen

Tiere

Bildnachweis

Bayerisches Hauptstaatsarchiv: Plansammlung 1582, S. 87, Plansammlung 2736, S. 89.
Bayerische Vermessungsverwaltung ©: S. 99 unten (Topographische Karte 1: 25 000, 5497/09 (Ausschnitt)).
Becher, Claudia: S. 171 unten (LBV-Archiv).
Eglhofer, Konrad: S. 68 unten.
Dr. Heinz Fischer Sammlungen, Stadt Königsbrunn © : S. 42 Mitte (Foto: H. Fischer), S. 43 rechts oben (Foto: H. Fischer), S. 54 links, S. 88 unten (Fotos: H. Fischer), S. 108 oben (Foto: H. Fischer), S. 109 oben (Foto: H. Fischer), S. 110 links oben, links unten (Fotos: H. Fischer), S. 111 4x (Fotos: Fischer, A./Liebhäuser), S. 112 (Fotos: Fischer, A./Liebhäuser).
Gartenlaube (1865): S. 76 (Zeichnung: Klein, E.).
Hartl, Andreas: S. 58, S. 59 oben (beide LBV-Archiv).
Hiemeyer, Fritz: S. 172 links unten (Helm-Azurjungfer).
Kunstsammlungen und Museen Augsburg, Graphische Sammlung: S. 72 Mitte, S. 79, S. 82.
Liebig, Nicolas: S. 162 oben.
Meindl, Christina: S. 53 links oben (Augsburger Steppengreiskraut).
Pfeuffer-Bildarchiv: S. 105 (Kupferstich nach einer Zeichnung von M. Kuhn), S. 93 unten.
Prem, Angelika: S. 68 links oben.
Staats- und Stadtbibliothek Augsburg: S. 16, S. 71 Mitte, S. 81, S. 99 oben, S. 110 rechts.
Stadtarchiv Augsburg: S. 85 unten.
Stadtarchiv Füssen: S. 42 links oben, S. 43 links oben, S. 71 oben, S. 108 unten, S. 109 unten.
Stadtmuseum Münster 1998 –Tomasz Samek: S. 70.
Tunka, Zdenek: S. 127 oben, S. 165 oben, S. 170 oben (alle LBV-Archiv).
Universitätsbibliothek Salzburg: S. 72 oben.
Wasserwirtschaftsamt Donauwörth: S. 85 oben, S. 88 oben u. Mitte, S. 90.

Alle übrigen Bilder: Eberhard Pfeuffer.

Dank

Wesentliche Grundlage für dieses Buch war die Beziehung zum Lech als Naturraum. Dr. Fritz Hiemeyer, Prof. Dr. Hermann Oblinger, Prof. Dr. Norbert Müller, Dr. Uwe Bauer und Dr. Klaus Kuhn verdanke ich hier wesentliche Erkenntnisse. Vor allem wirkte ihr Engagement für „unseren Lech“ mit seiner Pflanzen- und Tierwelt geradezu ansteckend. Ansteckend und richtungsweisend, besonders im Hinblick auf „neue Wege im Naturschutz“, war die Arbeit von Günter Riegel als Projektmanager „Lebensraum Lechtal“ und Nicolas Liebig als Geschäftsführer des Landschaftspflegeverbandes Stadt Augsburg.

Ein herzlicher Dank sei hier auch den Lechfreunden in Tirol gesagt, vor allem Pfarrer Karlheinz Baumgartner aus Steeg, Gründer der Arbeitsgemeinschaft Tiroler Lechtal (ATL), Maria Schreiber, Leiterin der Bürgerinitiative Ob-Acht Lechtal, dem World-Wide Fund for Nature (WWF-Österreich), dem Lechtaler Duo „Bluatschink“ sowie Werner Gamerith, dem Autor des Buches *Lechtal. Eine Landschaft erzählt ihre Geschichte*. Die genannten Personen und Verbände haben durch eine Jahrzehnte während Öffentlichkeitsarbeit und durch ihr überaus ideenreiches Engagement wesentlich dazu beigetragen, dass der Tiroler Lech als letzte Wildflusslandschaft der Nordalpen erhalten blieb und sein Wert heute bewusst ist.

Gleicher Dank gilt in diesem Sinne auch den „Lechverbündeten“ auf bayerischer Seite, vor allem der „Lechallianz“, einem Zusammenschluss regionaler und überregionaler Verbände und Vereine, sowie der „Schutzgemeinschaft Lech“. Gemeinsam stehen sie beispielhaft für die Idee „Mehr Leben in und an unserem Lech“.

Ohne die Mithilfe einzelner Bibliotheken und Archive bei Recherchearbeit und Bildersuche wäre die Erstellung des Buches kaum denkbar gewesen. Hier danke ich vor allem Bibliotheksdirektor Dr. Helmut Gier und dem Personal der Staats- und Stadtbibliothek Augsburg für eine mittlerweile Jahrzehnte währende Unterstützung, ebenso dem Personal des Stadtarchivs Augsburg, Dr. Christoph Nicht/Graphische Sammlung der Kunstsammlungen und Museen Augsburg, Verwaltungsdirektor Albert Teichner/Stadt Königsbrunn und Günther Groß/Vorsitzender des Freundeskreises Dr. Heinz-Fischer Sammlungen, Ruth Michelbach/Stadtarchiv Füssen, Carola Bria/Bildarchiv des Landesbundes für Vogelschutz (LBV) und Andreas Gorbauch/Wasserwirtschaftsamt Donauwörth.

Überaus freundlich, konstruktiv und hilfreich war die Zusammenarbeit mit dem Wißner-Verlag. Mit großem Einfühlungsvermögen hat der Lektor Dr. Michael Friedrichs das Buch gestaltet. Alfred Neff danke ich sehr herzlich für sein Engagement bei der Bildbearbeitung und Lisa Schwenk für ihre ideenreiche Gestaltung der Graphiken. Schließlich danke ich allen dreien auch sehr herzlich für ihre große Geduld mit mir. Ihr Interesse an der Lech-Thematik hat mir Freude und Mut gemacht. Es ist diesen Mitarbeitern des Wißner-Verlags zu verdanken, dass das Buch in der vorliegenden Gestaltung dem Leser übergeben werden kann.

Im September 2010 Eberhard Pfeuffer